# CONTABILIDADE, AUDITORIA E RELATÓRIOS AMBIENTAIS

# CONTABILIDADE, AUDITORIA E RELATÓRIOS AMBIENTAIS

## ARTUR FRANCO BUENO

São Paulo
2019

# SUMÁRIO

# 1. INTRODUÇÃO

À medida que a poluição e, especialmente, as mudanças climáticas afetam o cotidiano de milhões de pessoas, independente de idade, gênero ou condição social, o tema meio ambiente ultrapassou as fronteiras das ciências naturais, e passou a repercutir na política e nos negócios dentre outros.

Para se ter uma ideia da dimensão, um dos últimos relatórios da ONU sobre refugiados e desterrados (migrantes dentro das fronteiras de um país) revelou que, provavelmente pela primeira vez desde a Idade ou Era do Gelo há cerca de 10 mil anos atrás, a maior parte das dezenas de milhões de migrantes do ano de 2016 não fugiu de guerras ou perseguições raciais, religiosas ou políticas como se supunha, mas de catástrofes climáticas.

São tragédias que afetam a todos, não se restringem aos pobres ou minorias. Carregam preocupações e aflições a religiosos (!), militares (!!) e até mesmo aos banqueiros (!!!); a ponto do patriarca ortodoxo Bartolomeu I, o papa Francisco e igrejas evangélicas alemãs, interromperem por um instante a salvação d'almas para alertarem seus fiéis; ou do Pentágono deixar a Rússia, a Coréia do Norte e grupos terroristas em segundo plano para eleger as mudanças climáticas em curso como seu pior pesadelo; ou ainda, clubes de banqueiros como a Federação Brasileira de Bancos – Febraban, desenvolver "uma régua de sensibilidade para que instituições financeiras identifiquem facilmente o quanto suas carteiras estão expostas a riscos associados às mudanças climáticas *(...)* para não ter uma crise sistêmica *(...)* como foi a de 2008" (Chiaretti, 2019).

Inobstante as inéditas e incomuns advertências acima, feitas por diferentes autoridades em diferentes ocasiões, é mais plausível que as empresas começaram a se mover rumo aos temas socioambientais em função de uma onda relativamente recente que passou sobre os mercados financeiros internacionais[1] – cujos aspectos mais visíveis são Princípios para o Investimento Responsável da Organização das Nações Unidas – ONU[2], o Protocolo Verde[3] e índices bursáteis de sustentabilidade.

---

[1] Especialmente na década atual (Sirkis *et al*, 2015).
[2] Princípios voluntariamente aplicados por investidores para incorporação de aspectos socioambientais em suas avaliações.
[3] Compromissos com a sustentabilidade assumidos por empresas ou empreendimentos que buscam crédito e financiamento junto aos bancos públicos e privados brasileiros.

Afinal de contas, empresas que seguem a moderna cartilha de bom comportamento em governança, são aquelas que numa velocidade surpreendente aderem "desde sempre" àquilo que a torcida, ou melhor, o público espera, e por isso esperam ser recompensadas, enquanto que as demais têm suas reputações maculadas.

Ainda que seja verdade que os impactos ambientais tenham escalas distintas a depender dos negócios explorados e que parte dos executivos atuais não tiveram a devida instrução em suas formações universitárias, lapso que há pouco começou a ser corrigido, chega a ser impressionante, com toda a onda de Sustentabilidade, mesmo quando mero *marketing*, o desconhecimento de profissionais experientes quanto à ligação de suas atividades em suas respectivas corporações e os destinos do planeta.

Este trabalho procura reunir um nível de capacitações ao mesmo tempo suficientes para os créditos de uma jornada universitária, além de incutir reflexões na busca por caminhos para o desenvolvimento econômico-social compatível com a preservação da natureza, da cultura e da história.

Curta ! Se puder...

# 2.SUSTENTABILIDADE

Desde principalmente a segunda década do séc. XXI não para de crescer o número de cientistas que tratam a Sustentabilidade como ciência interdisciplinar, *Sustainability Science* ou *Sustain Sci.*

O adjetivo sustentável deriva do latim *sustento, sustentare.* Seu significado atual, especialmente o conceito "uso ou desenvolvimento sustentável", foi resgatado do século XVIII quando um contador alemão chamado Hans Carl von Carlowitz alertou contra o desmatamento de florestas (Breyer *et al*, 2009) e se popularizou a partir da publicação em 1987, do Relatório Brundtland[4] intitulado "Nosso Futuro Comum" que denunciou o esgotamento dos recursos naturais do planeta.

Referido relatório concluiu que <u>desenvolvimento sustentável é aquele</u> <u>que "atende às necessidades do presente sem comprometer a possibilidade</u> <u>das gerações futuras de atender às suas"</u> (ONU, 1987).

Suas reflexões nitidamente influenciaram a redação da Constituição Federal (CF/1988), a qual determina:

*Art. 225. Todos têm direito ao meio ambiente ecologicamente equilibrado, bem de uso comum do povo e essencial à sadia qualidade de vida, impondo-se ao Poder Público e à coletividade o dever de defendê-lo e preservá-lo para as presentes e futuras gerações.*

A repercussão foi global. A ponto de chefes de estado em pessoa de mais de cem países membros da ONU se reunirem no Rio de Janeiro com diversos especialistas na – até então maior – Conferência sobre o Meio Ambiente e Desenvolvimento, conhecida como Eco 92 ou Rio 92.

Dentre as metas traçadas para o século XXI, foi estabelecida a necessidade de desenvolvimento de um sistema de contas ou contabilidade nacional (pública) que integrasse economia e meio ambiente e que

*"8.48. Os Governos devem estimular empresas que:*
*a) Ofereçam informações ambientais pertinentes por meio de relatórios claros a acionistas, credores, empregados, autoridades governamentais, consumidores e o público em geral;*
*b) Desenvolvam e implementem métodos e normas para a contabilidade do desenvolvimento sustentável" (ONU, 1992).*

---

[4] Em referência à comissão liderada pela médica e ex-primeira ministra da Noruega, Gro Harlem Brundtland.

Amparado e envolvido com o conceito de "desenvolvimento sustentável", o sociólogo britânico John Elkington (1997) cunhou o termo *triple bottom line* (TBL ou 3BL) para uma diferente forma de avaliação de negócios e criação de valor sustentadas em três eixos ou tripé da sustentabilidade[5] (3Ps) que dali em diante passaram a orientar os relatórios: econômico ou financeiro (*profit*), social (*people*) e ambiental ou ecológico (*planet*).

*Figura 1 – Tripé da Sustentabilidade*

A ideia por trás dos 3Ps é simples: imagine um banco de três pés (*figura 1*), sendo cada pé um dos eixos da sustentabilidade que, juntos e com mesmo comprimento sustentam o assento (planeta). Quando não têm o mesmo tamanho, não está em equilíbrio e não para em pé.

Sem dúvida que a maior parcela por esse desequilíbrio deve-se à primazia do eixo econômico, especialmente, sob a fase capitalista das últimas décadas.

Todos os problemas econômicos vêm da escassez. Produzir com recursos limitados. A Economia não se dedica ao abundante. Não à toa o ensaísta e historiador escocês Thomas Carlyle (1795-1881) a chamava de ciência funesta, infausta, de mau agouro.

---

[5] Não se confundem com os três pilares da sociedade formulados pelo ex-presidente do Banco Central da Índia, Raghuram Rajan.

Escassez não significa pouca quantidade. O Brasil (ainda) é um dos maiores produtores de alimentos no mundo. Arroz com feijão é uma combinação fantástica da culinária e estão entre os grãos mais produzidos. São numerosos mas não são infinitos nem atendem a todos na quantidade que todos consumiriam se não exigisse sacrifício. Não dá pra dar tudo a todos!

Grosso modo, bens demandam cultivo ou algum nível de trabalho humano a partir de recursos naturais. Para uma criança ter um lápis, é preciso madeira e, para se ter madeira, é preciso cultivar um tipo de pinheiro, o *pinus*. As matérias-primas são limitadas. Hoje, estamos plenamente cientes que os recursos naturais são finitos, mas nem sempre foi assim na história da humanidade. Até os anos 1970, não havia (ou não era tão evidente) problema econômico com o ar fresco ou água limpa. Em qualquer que fosse o sistema econômico, e não somente o capitalismo, com o objetivo de crescimento a qualquer custo, os recursos naturais eram tratados como bens servíveis, de consumo, alguns como inesgotáveis.

Aliás, se fosse um negócio, quanto o planeta cobraria pelos serviços prestados a uma empresa?

Serviços? Sim, os ventos, as chuvas, as terras férteis, a água fresca, a (então) estabilidade climática, etc.

Economicamente falando, os preços de matérias-primas escassas, da poluição e da deposição de lixo e resíduos não refletem seu verdadeiro valor nem custos para a sociedade (ONU, 2001).

Classificar, mensurar, registrar e apresentar valores, preços e custos são funções da Contabilidade.

Ao combinar e sobrepor os hemisférios ambiental e com os de administração, contabilidade, economia e finanças, tem-se uma visão panorâmica de como estão inter-relacionados (*figura 2*).

*Figura 2 – O Meio Ambiente Engloba Tudo*

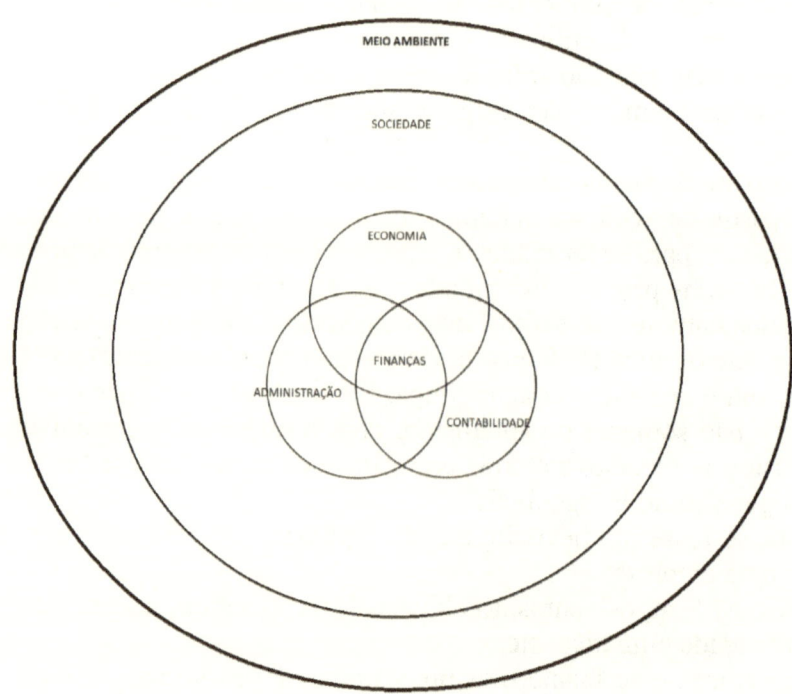

O impacto da humanidade no funcionamento do ambiente planetário tem sido tão forte que os sistemas naturais essenciais à vida, já ultrapassaram o limite do considerado "seguro". É comparável às grandes forças da natureza (como o movimento das geleiras, a atividade vulcânica e o impacto de meteoritos que teriam extintos os dinossauros) a ponto de no 35° Congresso Geológico Internacional de 2016 na Cidade do Cabo, África do Sul, ter sido recomendado o reconhecimento de nova era geológica denominada Antropoceno ou Idade dos Humanos, cujo início ainda não é consenso apesar de se notar certa preferência por 16/07/1945, data da primeira detonação nuclear do Experimento Trinity em Socorro, Novo México, EUA, sendo inquestionável que as condições ambientais começaram a mudar significativamente a partir da denominada Revolução Industrial.

Os povos considerados *primitivos* – alguns dos quais incrível e felizmente ainda remanescem isolados no mundo, boa parte deles no Brasil – reunidos em tribos ou clãs, pouco interfeririam no ecossistema[6]. Basicamente retiravam o necessário para suas sobrevivências por meio da caça, pesca e coleta.

---

[6] O que não quer dizer que viviam em paz e harmonia. Guerreavam entre si e como

Com o posterior domínio de técnicas de agricultura e de domesticação de animais, uma das maiores aflições da humanidade por milhares de anos – a fome – finalmente poderia ser vencida! Operou-se a Revolução Agrícola ou Primeira Onda (a mais importante de todas). Florestas davam lugar a cultivos e pastagens e a relativa segurança alimentar propiciou o surgimento de núcleos populacionais (cidades) e inédito crescimento populacional.

Na virada para o século XIX, adveio a Revolução Industrial ou Segunda Onda. Acreditava-se que, enfim, a natureza também seria domada! Além da industrialização, vieram o extrativismo e a urbanização intensivos, ou seja, a "conquista" e mais agressões ao meio ambiente.

O advento de nossa sociedade pós-industrial e da Era da Informação (Terceira Onda[7]) iniciada em fins do século passado, estaria a humanidade finalmente passando para uma onda de desenvolvimento sustentável? Ou se trata de esperança?

Os primeiros *homo sapiens* "chegaram ontem" ao planeta, visto que 350 mil anos de seu surgimento não representam nada perante os 4,55 bilhões de anos de idade da Terra. Outras formas de vida já habitavam o planeta em certo equilíbrio milhões de anos antes da presença humana, reforçando a abordagem ético-moral em prol da sustentabilidade.

Esta "visita", o ser humano, ainda que convidado e com seu próprio cômodo, em poucas horas já perturbava os demais moradores e assaltava a cozinha. Entupiu a latrina, espalhou lixo, fez fogueiras, empesteou o ar. Continua a levantar muros e cercas a seu bel prazer.

Em sua peculiar forma de transmitir ensinamentos, a própria bíblia reconhece: Deus criou o homem e a mulher somente no sexto dia (Gênesis, 1:26-31), dando também um tom religiosos à falta de cuidados do homem e da mulher para com a "casa" ofertada pelo Pai, sem se falar que, em pleno século XXI, cerca de uma em cada nove pessoas ainda passam fome ao mesmo tempo em que 1/3 da comida produzida é desperdiçada!

---

competidores pelo topo da cadeia alimentar, provavelmente foram responsáveis ao longo do processo evolutivo pela extinção de outros hominídeos, como os neandertais, que caminhavam sobre a Terra antes dos *homo sapiens*.

[7] Definições do futurólogo Alvin Toffler (2001) nos anos 1970. Atualmente há uma profusão de termos, dentre os quais: sociedade digital, sociedade de dados ou da informação, futurismo.

A fim de capitalizar o poder de comunicação dos religiosos, muitas vezes até demasiado e usado para fins pouco nobres, a 4ª Assembleia Ambiental das Nações Unidas (UNEA) ocorrida em Nairóbi, Quênia em 2019, ratificou parcerias criada 2 anos antes com a iniciativa "Fé pela Terra", com instituições religiosas, as quais detém cerca de 8% das terras e 5% das florestas do planeta e, mais importante, aproximadamente 85% da crescente população de mais de 7,5 bilhões de pessoas têm alguma crença espiritual e se reúnem regularmente (os mulçumanos todas as sextas, os judeus aos sábados e os cristãos aos domingos, etc.) formando poderosas redes sociais, porém, redes reais, vivas.

Apesar de tudo, alimentados por irresistível *marketing* de corporações viciadas na prática de obsolescência programada, os desejos de consumo continuam a crescer e se alteram cada vez mais rápidos, mais descartáveis, geralmente em detrimento do ambiental, do social e do ético-moral.

A inclusão do aspecto ético vem sendo aplicada com frequência nos mercados financeiros que a referencia como ESG, sigla em inglês para Ambiental, Social e Governança ou EESG, acrescida da Ética, incorporando os 6 Princípios para Investimentos Responsáveis (PNUMA, 2019).

Antropólogos, sociólogos e principalmente os marqueteiros sabem que uma das coisas mais difíceis de mudar nas pessoas são os seus hábitos de consumo, atualmente pervertidos e cada vez mais pré-programados. Somente catástrofes como crises e guerras têm esse poder. E ainda que seja louvável um consumidor que adquira um eletroeletrônico que gaste menos energia, que utilize mais o transporte público ou que não desperdice água lavando a calçada ou o seu automóvel toda semana, é insuficiente a interrupção da degradação se não passar pelas corporações.

As esperanças da Eco 92, vistas de hoje, são decepcionantes. Pouco efetivamente foi feito e os problemas se acentuaram por uma série de razões a ponto de cientistas cogitarem que a degradação ambiental provocada pela humanidade esteja muito próxima ou já tenha atingido um ponto sem retorno para um mundo mais hostil e desconhecido. Talvez o alarme tenha soado tarde demais... Seria o caso não somente de desenvolvimento sustentável mas de (tentativa de) reversão ou de interrupção das profundas ofensas à Terra.

Em 2015, menos de três meses antes do Acordo de Paris, a ONU coordenou novo esforço para adoção de medidas que promovam o desenvolvimento sustentável, chamado Agenda 2030, que contém 17 objetivos de desenvolvimento sustentável (ODS), com suas 169 metas "para erradicar a pobreza e promover vida digna para todos, dentro dos limites do planeta" (ONU, 2015), integrados às três dimensões da sustentabilidade (com diferentes denominações) mais duas: paz e parcerias (figura 3).

*Figura 3 – Dimensões e Objetivos de Desenvolvimento Sustentável (ODS)*

*Fonte: 18° Congresso Brasileiro de Qualidade de Vida e Agenda 2030.*

Objetivo 1: Acabar com a pobreza em todas as suas formas, em todos os lugares

- Globalmente, o número de pessoas vivendo em extrema pobreza diminuiu mais da metade; em 1990 eram 1,9 bilhão. Contudo, 836 milhões de pessoas ainda vivem na extrema pobreza: cerca de uma em cada cinco pessoas em regiões em desenvolvimento vive com menos de 1,25 dólar por dia.

- O Sul da Ásia e a África Subsaariana são o lar da esmagadora maioria das pessoas vivendo em extrema pobreza.
- Altos índices de pobreza são frequentemente encontrados em países pequenos, frágeis e afetados por conflitos.
- Uma em cada quatro crianças abaixo dos cinco anos de idade no mundo possui altura inadequada para sua idade.

## Objetivo 2: Acabar com a fome, alcançar a segurança alimentar e melhoria da nutrição e promover a agricultura sustentável

- Globalmente, a proporção de pessoas subnutridas em regiões em desenvolvimento caiu quase pela metade desde 1990, de 23,3% em 1990-1992 para 12,9% em 2014-2016. Mas, atualmente, uma em cada nove pessoas no mundo (795 milhões) ainda é subnutrida.
- A vasta maioria das pessoas do mundo passando fome vive em países em desenvolvimento, onde 12,9% da população é subnutrida.
- Ásia é o continente com a população que passa mais fome – dois terços do total. A porcentagem no Sul da Ásia caiu em anos recentes, mas, na Ásia Ocidental, ela aumentou levemente.
- A África Subsaariana é a região com a mais alta prevalência (porcentagem da população) de fome. Lá, cerca de uma em cada quatro pessoas está subnutrida.
- A má nutrição causa quase metade (45%) das mortes de crianças abaixo dos cinco anos de idade – 3,1 milhões de crianças anualmente.
- Uma em cada quatro crianças do mundo sofre crescimento atrofiado. Em países em desenvolvimento, a proporção aumenta de uma para três. 66 milhões de crianças em idade escolar primária vão às aulas passando fome, sendo 23 milhões apenas na África.
- A agricultura é a maior empregadora única no mundo, provendo meios de vida para 40% da população global atual. Ela é a maior fonte de renda e trabalho para famílias pobres rurais. 500 milhões de pequenas fazendas no mundo todo, a maioria ainda dependente de chuva, fornecem até 80% da comida consumida numa grande parte dos países em desenvolvimento. Investir em pequenos agricultores é um modo importante de aumentar a segurança alimentar e a nutrição para os mais pobres, bem como a produção de alimentos para mercados locais e globais.

## Objetivo 3: Assegurar uma vida saudável e promover o bem-estar para todos, em todas as idades
## Saúde Infantil

- A cada dia, morrem 17 mil crianças a menos do que em 1990, porém mais de seis milhões de crianças ainda morrem a cada ano, antes do seu quinto aniversário.
- Desde 2000, vacinas de sarampo preveniram aproximadamente 15,6 milhões de mortes.
- Apesar do progresso global, uma crescente proporção das mortes de crianças acontece na África Subsaariana e no Sul da Ásia. Quatro de cada cinco mortes de crianças abaixo dos cinco anos de idade ocorrem nessas regiões.

## Saúde Materna
- Globalmente, a mortalidade materna caiu quase 50% desde 1990.
- Na Ásia Oriental, no Norte da África e no Sul da Ásia, a mortalidade materna diminuiu cerca de dois terços. Porém, a taxa de mortalidade materna – a proporção de mães que não sobrevivem ao nascimento do filho comparada com aquelas que sobrevivem – nas regiões em desenvolvimento ainda é 14 vezes mais alta do que nas regiões desenvolvidas.
- Apenas metade das mulheres em regiões em desenvolvimento recebe a quantidade recomendada de assistência médica.

## HIV/AIDS
- Em 2014, havia 13,6 milhões de pessoas com acesso à terapia antirretroviral, um aumento em relação a apenas 800 mil em 2003.
- Novas infecções por HIV em 2013 foram estimadas em 2,1 milhões, o que representa 38% a menos do que em 2001.
- No final de 2013, estima-se que havia 35 milhões de pessoas vivendo com HIV.
- No final de 2013, 240 mil novas crianças estavam infectadas com HIV.

## Objetivo 4: Assegurar a educação inclusiva, equitativa e de qualidade, e promover oportunidades de aprendizagem ao longo da vida para todos
- A matrícula na educação primária em países em desenvolvimento chegou a 91%, mas 57 milhões de crianças permanecem fora da escola.
- Mais da metade das crianças que não se matricularam na escola vivem na África Subsaariana.
- Estima-se que 50% das crianças fora da escola com idade escolar primária vivem em áreas afetadas por conflitos. Crianças das famílias mais pobres são quatro vezes mais propensas a estar fora da escola do que crianças de famílias mais ricas.
- O mundo conquistou a igualdade na educação primária entre meninas e meninos, mas poucos países alcançaram essa meta em todos os níveis de educação.
- Entre os jovens de 15 a 24 anos, a taxa de alfabetização melhorou globalmente, de 83% para 91% entre 1990 e 2015.

## Objetivo 5: Alcançar a igualdade de gênero e empoderar todas as mulheres e meninas
- No Sul da Ásia, apenas 74 meninas foram matriculadas na escola primária para cada 100 meninos, em 1990. Em 2012, as taxas de matrícula foram as mesmas para meninas e para meninos.
- Na África Subsaariana, Oceania e Ásia Ocidental, meninas ainda enfrentam barreiras para entrar tanto na escola primária quanto na escola secundária.
- Mulheres na África do Norte ocupam menos de um a cada cinco empregos pagos em setores que não sejam a agricultura.
- Em 46 países, as mulheres agora ocupam mais de 30% das cadeiras no parlamento nacional em pelo menos uma câmara.

Objetivo 6: Assegurar a disponibilidade e gestão sustentável da água e saneamento para todos

- Em 2015, 91% da população global está usando uma fonte de água potável aprimorada, comparado a 76% em 1990. Contudo, 2,5 bilhões de pessoas não têm acesso a serviços de saneamento básico, como banheiros ou latrinas.

- Diariamente, uma média de cinco mil crianças morre de doenças evitáveis relacionadas à água e saneamento.

- A energia hidrelétrica é a fonte de energia renovável mais importante e mais amplamente usada. Em 2011, ela representava 16% do total da produção de eletricidade no mundo todo. Aproximadamente 70% de toda água disponível é usada para irrigação.

- Enchentes são a causa de 15% de todas as mortes relacionadas a desastres naturais.

Objetivo 7: Assegurar o acesso confiável, sustentável, moderno e a preço acessível à energia para todos

- 1,3 bilhão de pessoas – uma em cada cinco, globalmente – ainda não têm acesso à eletricidade moderna.

- 3 bilhões de pessoas dependem de madeira, carvão, carvão vegetal ou dejetos animais para cozinhar e obter aquecimento.

- A energia é o principal contribuinte para as mudanças climáticas, sendo responsável por cerca de 60% das emissões globais totais de gases do efeito estufa.

- A energia de fontes renováveis – vento, água, solar, biomas e energia geotermal – é inexaurível e limpa. A energia renovável, atualmente, constitui 15% do conjunto global de energia.

Objetivo 8: Promover o crescimento econômico sustentado, inclusivo e sustentável, emprego pleno e produtivo e trabalho decente para todos

- O desemprego global aumentou de 170 milhões em 2007 para cerca de 202 milhões em 2012, dentre eles, aproximadamente 75 milhões são mulheres ou homens jovens.

- Aproximadamente 2,2 bilhões de pessoas vivem abaixo da linha da pobreza e a erradicação do problema só é possível por meio de empregos bem pagos e estáveis.

- 470 milhões de empregos são necessários mundialmente para a entrada de novas pessoas no mercado de trabalho entre 2016 e 2030.

- Pequenas e médias empresas que se comprometem com o processamento industrial e com as indústrias manufatureiras são as mais decisivas para os primeiros estágios da industrialização e são geralmente as maiores geradoras de emprego. São responsáveis por 90% dos negócios no mundo e contabilizam entre 50 a 60% dos empregos.

Objetivo 9: Construir infraestruturas resilientes, promover a industrialização inclusiva e sustentável e fomentar a inovação

- Cerca de 2,6 bilhões de pessoas no mundo em desenvolvimento têm dificuldades no acesso à eletricidade.

- 2,5 bilhões de pessoas no mundo não têm acesso à saneamento básico e quase 800 milhões de pessoas não têm acesso à água.

- Entre 1 a 1,5 milhão de pessoas não têm acesso a um serviço de telefone de qualidade.

- Para muitos países africanos, principalmente os de baixo rendimento, os limites na infraestrutura afetam em cerca de 40% na produtividade das empresas.

- A indústria manufatureira é importante para geração de empregos, somando aproximadamente 470 milhões dos empregos no mundo em 2009 – ou cerca de 16% da força de trabalho de 2,9 bilhões. Estima-se que existiam mais meio bilhão de empregos na área em 2013.

- O efeito da multiplicação de trabalhos industrializados impactou a sociedade positivamente. Cada trabalho na indústria gera 2,2 empregos em outros setores.

- Em países em desenvolvimento, apenas 30% da produção agrícola passa por processamento industrial. Em países desenvolvidos, 98% é processado. Isso sugere a existência de uma grande oportunidade para negócios na área agrícola em países em desenvolvimento.

## Objetivo 10: Reduzir a desigualdade dentro dos países e entre eles

- Em média – e levando em consideração o tamanho das populações – a desigualdade de renda aumentou em 11% em países em desenvolvimento entre 1990 e 2010.

- Uma maioria significativa de famílias – mais de 75% – estão vivendo em sociedades onde a renda é pior distribuída do que na década de 1990.

- Crianças que fazem parte da camada de 20% mais pobres da população têm três vezes mais chances de morrer antes de completar seus cinco anos do que crianças mais ricas.

- A proteção social foi significativamente ampliada globalmente. No entanto, pessoas com algum tipo de deficiência têm cinco vezes mais chances do que a média de ter despesas catastróficas com saúde.

- Apesar do declínio na mortalidade materna na maioria dos países desenvolvidos, mulheres na área rural são três mais suscetíveis à morte no parto do que mulheres que vivem nos centros urbanos.

## Objetivo 11. Tornar as cidades e os assentamentos humanos inclusivos, seguros, resilientes e sustentáveis

- Metade da humanidade – 3,5 bilhões de pessoas – vive nas cidades atualmente. Em 2030, quase 60% da população mundial viverá em áreas urbanas. 828 milhões de pessoas vivem em favelas e o número continua aumentando.

- As cidades no mundo ocupam somente 2% de espaço da Terra, mas usam 60 a 80% do consumo de energia e provocam 75% da emissão de carbono. A rápida urbanização está exercendo pressão sobre a oferta de água potável, de esgoto, do ambiente de vida e saúde pública. Mas a alta densidade dessas cidades pode gerar ganhos de eficiência e inovação tecnológica enquanto reduzem recursos e consumo de energia.

- Cidades têm potencial de dissipar a distribuição de energia ou de otimizar sua eficiência por meio da redução do consumo e adoção de sistemas energéticos verdes. Rizhao, na China, por exemplo, transformou-se em uma cidade abastecida por energia solar. Em seus distritos centrais, 99% das famílias já usam aquecedores de água com energia solar.

## Objetivo 12. Assegurar padrões de produção e de consumo sustentáveis

- 1,3 bilhão de toneladas de comida são desperdiçadas diariamente. Se as pessoas usassem lâmpadas de baixo consumo, o mundo economizaria 120 bilhões de dólares anualmente.

- A população global deve chegar a 9,6 bilhões de pessoas até 2050; o equivalente a três planetas seriam necessários para prover os recursos naturais necessários para sustentar os estilos de vida atuais.

- Mais de 1 bilhão de pessoas ainda não têm acesso à água potável.

## Objetivo 13. Tomar medidas urgentes para combater a mudança climática e seus impactos (*)

- As emissões de gases de efeito estufa oriundos da atividade humana estão levando a mudanças climáticas e continuam aumentando. Elas alcançaram atualmente seu maior nível da história. Emissões globais de dióxido de carbono aumentaram quase 50% desde 1990.

- As concentrações atmosféricas de dióxido de carbono, metano e óxido nitroso aumentaram a níveis sem precedentes nos últimos 800 mil anos. As concentrações de dióxido de carbono aumentaram em 40% desde os tempos pré-industriais, primeiramente por conta dos combustíveis fósseis e depois pelas emissões vindas do desmatamento do solo. O oceano absorveu cerca de 30% do dióxido de carbono antropogênico emitidos, tornando-se mais ácido.

- Cada uma das últimas três décadas tem sido mais quente na superfície da Terra do que a anterior, desde 1850. No hemisfério Norte, o período entre 1983 e 2012 foi provavelmente o mais quente dos últimos 1.400 anos.

- De 1880 a 2012, a temperatura média global aumentou 0,85°C. Sem nenhuma ação, a média de temperatura mundial deve aumentar 3°C até o final do século 21 – aumentando ainda mais em algumas áreas do mundo, incluindo nos trópicos e subtrópicos. As pessoas mais pobres e vulneráveis são as mais afetadas pelo aquecimento.

- A média do nível do mar desde a metade do século 19 tem sido maior do que a média dos dois milênios anteriores. Entre 1901 e 2010, o nível global do mar aumentou 0,19 (0,17 a 0,21) metros.

- De 1901 a 2010, o nível mundial do mar cresceu 19 centímetros com a expansão dos oceanos, devido ao aquecimento global e derretimento das geleiras. Desde 1979, o gelo do mar do Ártico diminuiu em cada década, com 1,07 milhões de km² de gelo perdido de dez em dez anos.

- Ainda é possível limitar o aumento da temperatura global para 2°C acima dos níveis pré-industriais, por meio de um conjunto de medidas tecnológicas e mudanças de comportamento.

- Existem muitos caminhos atenuantes para alcançar a redução substancial de emissões para as próximas décadas, com chances superiores a 66%, se for limitado o aquecimento a 2°C – a meta determinada pelos governos. No entanto, postergar até 2020 para as mitigações adicionais aumentará substancialmente os desafios tecnológicos, econômico, social e institucional associados para limitar o aquecimento no século 21 para menos de 2°C relacionados a níveis pré-industriais.

*(\*) Reconhecendo que a Convenção-Quadro das Nações Unidas para as Alterações Climáticas (em inglês UNFCCC) é o fórum internacional intergovernamental primário para negociar a resposta global à mudança do clima.*

## Objetivo 14. Conservação e uso sustentável dos oceanos, dos mares e dos recursos marinhos para o desenvolvimento sustentável

- Os oceanos cobrem três-quartos da superfície da Terra, contém 97% da água do planeta e representam 99% da vida no planeta em termos de volume. Mundialmente, o valor de mercado dos recursos marinhos e costeiros e das indústrias é de 3 trilhões de dólares por ano ou cerca de 5% do PIB (produto interno bruto) global.

- Mundialmente, os níveis de captura de peixes estão próximos da capacidade de produção dos oceanos, com 80 milhões de toneladas de peixes sendo pescados.

- Oceanos contêm cerca de 200 mil espécies identificadas, mas os números na verdade devem ser de milhões.

- Os oceanos absorvem cerca de 30% do dióxido de carbono produzido por humanos, amortecendo os impactos do aquecimento global.

- Oceanos são a maior fonte de proteína do mundo, com mais de 3 bilhões de pessoas dependendo dos oceanos como fonte primária de alimentação.

- Pesca marinha direta ou indiretamente emprega mais de 200 milhões de pessoas.

- Subsídios para a pesca estão contribuindo para a rápida diminuição de várias espécies de peixes e estão impedindo esforços para salvar e restaurar a pesca mundial e empregos relacionados, causando redução de 50 bilhões de dólares em pesca nos oceanos por ano.

- 40% dos oceanos do mundo são altamente afetados pelas atividades humanas, incluindo poluição, diminuição de pesca e perda de habitats costeiros.

## Objetivo 15. Proteger, recuperar e promover o uso sustentável dos ecossistemas terrestres, gerir de forma sustentável as florestas, combater a desertificação, deter e reverter a degradação da terra e deter a perda de biodiversidade

- Treze milhões de hectares de florestas estão sendo perdidos a cada o ano.

- Cerca de 1,6 bilhão de pessoas dependem das florestas para sua subsistência. Isso inclui 70 milhões de indígenas. Florestas são o lar de mais de 80% de todas as espécies de animais, plantas e insetos terrestres.

- 2,6 bilhões de pessoas dependem diretamente da agricultura, mas 52% da terra usada para agricultura é afetada moderada ou severamente pela degradação do solo.

- Anualmente, devido à seca e desertificação, 12 milhões de hectares são perdidos (23 hectares por minuto), espaço em que 20 milhões de toneladas de grãos poderiam ter crescido.

- Das 8.300 raças animais conhecidas, 8% estão extintas e 22% estão sob risco de extinção.
  80% das pessoas vivendo em área rural em países em desenvolvimento dependem da medicina tradicional das plantas para ter cuidados com a saúde básica.

Objetivo 16. Promover sociedades pacíficas e inclusivas para o desenvolvimento sustentável, proporcionar o acesso à justiça para todos e construir instituições eficazes, responsáveis e inclusivas em todos os níveis

- O número de refugiados registrados junto ao Alto Comissariado das Nações Unidas para Refugiados (ACNUR) era de 13 milhões em meados de 2014, há cerca de um ano.

- Corrupção, suborno, roubo e evasão de impostos custam cerca de 1,26 trilhão para os países em desenvolvimento por ano.

- A taxa de crianças que deixam a escola primária em países em conflito alcançou 50% em 2011, o que soma 28,5 milhões de crianças.

Objetivo 17. Fortalecer os meios de implementação e revitalizar a parceria global para o desenvolvimento sustentável

- A Assistência Oficial ao Desenvolvimento (OAD) levantou aproximadamente 135 bilhões de dólares em 2014.

- Em 2014, 79% dos produtos de países em desenvolvimento entraram no mercado *duty-free* de países desenvolvidos.

- A dívida dos países em desenvolvimento continua estável, beirando 3% do rendimento de exportação.

- O número de usuários da internet na África quase dobrou nos últimos quatro anos.

- Em 2015, 95% da população mundial tem cobertura de sinal de celular.

- 30% da juventude mundial é de nativos digitais, ativos *on line* por pelo menos cinco anos.

- A população mundial apresentou aumento do uso da internet de 6% em 2000 para 43% em 2015.

- No entanto, mais de 4 bilhões de pessoas não usam *internet*, e 90% delas são de países em desenvolvimento.

A iniciativa da ONU com suas próprias dimensões de sustentabilidade não é única e hoje em dia existe uma profusão de iniciativas parecidas como a "flor da sustentabilidade" em que cada uma das seis pétalas contém um princípio: segurança alimentar, água, energia e tecnologia, interação humana, espécies e ecossistemas e economia local.

# 3. ASPECTOS LEGAIS SELECIONADOS

Existe uma série de marcos regulatórios ambientais na legislação que em maior ou menor grau geram eventos contábeis. Este capítulo cuida apenas de pontos mais relevantes para o propósito deste trabalho.

A Constituição Federal, que está acima das demais leis, determina:

*Art. 23. É competência comum da União, dos Estados, do Distrito Federal e dos Municípios:*

*VI - proteger o meio ambiente e combater a poluição em qualquer de suas formas;*

*VII - preservar as florestas, a fauna e a flora;*

Esta diretriz combinada com princípios insculpidos na Lei de Política Nacional do Meio Ambiente (LPNMA) 6.938/1981 e com compromissos internacionais, podem afetar a condução dos negócios e, consequentemente, impactam as demonstrações contábeis, dentre os quais (adaptado de Carvalho, 2008):

i) Princípio da precaução (CF/1988, art. 225, § 1º, V; LPNMA/1981, art. 2º, I): gastos ambientais aplicados em ativos que evitem a degradação do meio-ambiente pela atividade da empresa, incluindo treinamento de pessoal, bem como constituição de provisões e de reservas para contingências ambientais;

ii) Princípio do desenvolvimento sustentável (CF/1988, art. 225, *caput*; Declaração Rio+20, §§ 4 e 8): receitas e gastos ambientais;

iii) Princípio do poluidor pagador (CF/1988, art. 225, § 3º; LPNMA/1981, art. 4º, VII): passivos ambientais;

iv) Princípio da informação (CF/1988, art. 225, § 1º, IV; Resolução do Conselho Nacional do Meio Ambiente – Conama 1/1986, art 11; Declaração Rio+20, § 10): notas explicativas, relatório da administração, relatórios de sustentabilidade.

A fim de tentar disciplinar as atribuições ambientais entre as unidades da Federação e regulamentar o artigo 23 acima, foi editada a Lei Complementar 140/2011. No entanto, a carência de regulamentação subsidiária suscita certos entraves aos negócios, em especial quanto à fiscalização e licenciamento.

Todo empreendimento ou atividade que possa causar algum tipo de poluição ou degradação ao meio ambiente submete-se a um processo de licenciamento ambiental (LPNMA arts. 10 e ss.) a cargo de órgãos estaduais com participação suplementar do Instituto Brasileiro do Meio Ambiente e dos Recursos Naturais Renováveis (IBAMA) em grandes projetos que causam impacto em mais de um estado.

Suas principais etapas são (Resolução Conama 237/1997, Instrução Normativa Ibama 184/2008):

a) Licença Prévia (LP), na fase de planejamento ou ampliação do empreendimento, apenas aprova a viabilidade ambiental e estabelece condições para o desenvolvimento do projeto, mas não autoriza sua instalação;

b) Licença de Instalação (LI), que tem prazo de validade de acordo com o cronograma da obra;

c) Licença de Operação (LO), que é concedida após vistoria para verificar se todas as exigências foram atendidas e antes que o empreendimento comece a funcionar.

Durante o processo, que pode ser demasiadamente longo, os órgãos trocam informações entre si, com outros órgãos (p. explo. que cuidam do patrimônio histórico) e com as comunidades atingidas por meio de audiências públicas.

Etapas, prazos, nomenclaturas e valores variam a cada estado. Em São Paulo, o processo está a cargo da Cia. Ambiental do Estado de São Paulo – CETESB, segundo diretrizes da Lei Estadual 997/1976 e do Decreto Estadual 8.468/1976.

Quando impacto ambiental for significativo, a Constituição (art. 225, § 1º, IV) e a LPNMA (art. 9º, III) exigem, primeiro, um estudo prévio denominado Estudo de Impacto Ambiental (EIA), e depois, o respectivo Relatório de Impacto Ambiental (RIMA) às expensas da empresa empreendedora, num processo conhecido como aceitação ou *checklist*.

Suscintamente, o EIA corresponde à coleta de material, bibliografia, bem como estudo das prováveis consequências ambientais do empreendimento, propondo condições para sua implantação e qual o procedimento que deverá ser adotado para seu início. Possui acesso restrito em respeito ao sigilo de segredos industriais.

Obviamente, jamais é apresentado um EIA que aponte inviabilidade de um empreendimento, tornando muitas vezes o licenciamento ambiental como o único empecilho de seu início, elevando a pressão sobre o processo administrativo no IBAMA.

O RIMA é um relatório conclusivo, em linguagem acessível, que analisa o impacto ambiental submetido ao órgão público licenciador a fim de avaliar as condições do empreendimento. Após a realização de audiência(s) – se requerida por pelo menos 50 cidadãos ou pelo Ministério Público, é elaborado o parecer final, podendo ser autorizado um licenciamento prévio para realização da obra ou o indeferimento do projeto.

Poderá ser exigida compensação ambiental quando houver perda de biodiversidade e de recursos naturais de, no mínimo, 0,5% dos custos totais. O IBAMA (2002) fixa o percentual conforme o grau de impacto.

Carvalho (2008) sustenta que devido ao EIA e RIMA, as empresas obrigadas a elaborá-los estão vinculadas a degradações e/ou preservações ambientais que geram consequências contábeis: ativos, obrigações, despesas, movimentações de capitais, etc.

Os documentos técnicos multidisciplinares EIA e RIMA são gastos ambientais necessários. São exigidos na fase licenciamento prévio[8] de empreendimentos ou atividades econômicas definidas no art. 2° da Resolução Conama 1/1986 (com acréscimos posteriores) para as seguintes atividades:

*I - Estradas de rodagem com duas ou mais faixas de rolamento;*

*II - Ferrovias;*

*III - Portos e terminais de minério, petróleo e produtos químicos;*

*IV - Aeroportos, conforme definidos pelo inciso 1, artigo 48, do Decreto-Lei 32/1966;*

---

[8] O licenciamento federal é de responsabilidade do IBAMA mas pode incluir competências de outros órgãos a depender do local ou atividade como o Comissão Nacional de Energia Nuclear – CNEN (material radioativo/nuclear), Fundação Nacional do Índio – FUNAI (terras indígenas), Fundação Cultural Palmares (terras quilombolas), Instituto do Patrimônio Histórico e Artístico Nacional – IPHAN, Instituto Chico Mendes de Proteção da Biodiversidade – ICMBio, Ministério da Saúde, Empresa de Pesquisa Energética – EPE (avaliações ambientais integradas – AAIs de hidrelétricas), etc. (Portaria Interministerial 60/2015).

*V - Oleodutos, gasodutos, minerodutos, troncos coletores e emissários de esgotos sanitários;*

*VI - Linhas de transmissão de energia elétrica, acima de 230KV;*

*VII - Obras hidráulicas para exploração de recursos hídricos, tais como: barragem para fins hidrelétricos, acima de 10MW, de saneamento ou de irrigação, abertura de canais para navegação, drenagem e irrigação, retificação de cursos d'água, abertura de barras e embocaduras, transposição de bacias, diques;*

*VIII - Extração de combustível fóssil (petróleo, xisto, carvão);*

*IX - Extração de minério, inclusive os da classe II, definidas no Código de Mineração;*

*X - Aterros sanitários, processamento e destino final de resíduos tóxicos ou perigosos;*

*XI - Usinas de geração de eletricidade, qualquer que seja a fonte de energia primária, acima de 10MW;*

*XII - Complexo e unidades industriais e agro-industriais (petroquímicos, siderúrgicos, cloroquímicos, destilarias de álcool, hulha, extração e cultivo de recursos hidróbios;*

*XIII - Distritos industriais e zonas estritamente industriais - ZEI;*

*XIV - Exploração econômica de madeira ou de lenha, em áreas acima de 100 hectares ou menores, quando atingir áreas significativas em termos percentuais ou de importância do ponto de vista ambiental;*

*XV - Projetos urbanísticos, acima de 100 ha ou em áreas consideradas de relevante interesse ambiental a critério da SEMA e dos órgãos estaduais ou municipais;*

*XVI - Qualquer atividade que utilizar carvão vegetal, em quantidade superior a dez toneladas por dia;*

*XVII - Projetos Agropecuários que contemplem áreas acima de 1.000 ha ou menores, neste caso, quando se tratar de áreas significativas em termos percentuais ou de importância do ponto de vista ambiental, inclusive nas áreas de proteção ambiental;*

*XVIII - Empreendimentos potencialmente lesivos ao patrimônio espeleológico nacional.*

A mesma norma define o que se considera impacto ambiental para fins legais.

*Art. 1° Para efeito desta Resolução, considera-se impacto ambiental qualquer alteração das propriedades físicas, químicas e biológicas do meio ambiente, causada por qualquer forma de matéria ou energia resultante das atividades humanas que, direta ou indiretamente, afetam:*

*I - a saúde, a segurança e o bem-estar da população;*

*II - as atividades sociais e econômicas;*

*III - a biota[9];*
*IV - as condições estéticas e sanitárias do meio ambiente;*
*V - a qualidade dos recursos ambientais.*
    A propósito, a LPNMA traz definições importantes (art. 3°):
*I - meio ambiente, o conjunto de condições, leis, influências e interações de ordem física, química e biológica, que permite, abriga e rege a vida em todas as suas formas;*
*II - degradação da qualidade ambiental, a alteração adversa das características do meio ambiente;*
*III - poluição, a degradação da qualidade ambiental resultante de atividades que direta ou indiretamente:*
*a) prejudiquem a saúde, a segurança e o bem-estar da população;*
*b) criem condições adversas às atividades sociais e econômicas;*
*c) afetem desfavoravelmente a biota;*
*d) afetem as condições estéticas ou sanitárias do meio ambiente;*
*e) lancem matérias ou energia em desacordo com os padrões ambientais estabelecidos;*
*IV - poluidor, a pessoa física ou jurídica, de direito público ou privado, responsável, direta ou indiretamente, por atividade causadora de degradação ambiental;*
*V - recursos ambientais: a atmosfera, as águas interiores, superficiais e subterrâneas, os estuários, o mar territorial, o solo, o subsolo, os elementos da biosfera, a fauna e a flora.*
    Quando um empreendimento envolver terras indígenas ou tribais, a Convenção da Organização Internacional do Trabalho (OIT) 169, que entrou em vigor no Brasil em 2003 (Decreto 5.051/2004), estabelece entre outros, que os respectivos povos devem ser consultados em empreendimentos que afetem seus territórios.
    Em empreendimentos em área urbana com potencial de impacto direto na vida de seus cidadãos, há exigência tanto do EIA quanto do EIV (estudo prévio de impacto de vizinhança), por força do Estatuto da Cidade (Lei 10.257/2001).
    Assim, sem contar alvarás municipais, vistoria do corpo de bombeiros dentre outras autorizações, que não são necessariamente gastos ambientais, a empresa ou empreendimento pode ter exigências que se confundem ou se sobrepõem em competências (federal, estadual, municipal, distrital) e naturezas (ambiental, fiscal, segurança, vizinhança, etc.).

---

[9] Termo da Biologia/Ecologia usado para definir o conjunto de todos os seres vivos que habitam determinado ambiente.

À guisa de exemplo, no Município de São Paulo, há empreendimentos que podem se enquadrar como empreendimento gerador de impacto ambiental – EGIA e sujeitos à apresentação de relatório de impacto ambiental – RIA (*sic*); empreendimento sujeito à apresentação de estudo de viabilidade ambiental – EVA, estudo ambiental simplificado – EAS, plano de recuperação de áreas degradas – PRAD, estudo/relatório de impacto ambiental – EIA/RIMA e/ou memorial de caracterização do empreendimento – MCE; empreendimento gerador de impacto de vizinhança – EGIV e sujeitos à apresentação do relatório de impacto de vizinhança – RIV; dentre outros, cada qual com suas exigências (Decreto Municipal 58.028/2017).

Na etapa pós-licença, na qual deveriam ser verificados os cumprimentos de condicionantes do processo de licenciamento (fiscalização), não se costuma ter melhores resultados, quer para as empresas, quer para a sociedade ou meio ambiente, a ponto de até o Tribunal de Contas da União – TCU (órgão de auditoria de contas pública do P. Legislativo) já ter se manifestado (Acórdão 2.212/2009).

Com os recentes e trágicos rompimentos de barragens a discussão a respeito da geração de resíduos sólidos pela mineração retornou ao proscênio. O Decreto 9.406/2018 passou a incluir o aproveitamento econômico de estéreis (resíduos do processo de lavra) e rejeitos (sobras pós-beneficiamento) graças ao desenvolvimento de novas tecnologias o que pode vir a reduzir para redução de rejeitos estocados em barragens a depender da condução dos envolvidos.

A propósito, o Brasil é talvez o caso mais emblemático onde além da legislação ambiental federal, de metade das unidades da federação e de alguns municípios prevê a aplicação de auditorias ambientais compulsórias (*ver tabela 16*).

Previstos em tratados internacionais sobre a poluição causada por petróleo, gás natural e outros agentes, a Lei 9.966/2000 prevê sua aplicação para atividades em águas brasileiras enquanto a Resolução Conama 306/2002 pormenoriza sua abrangência.

Por conta de compromissos assumidos da Convenção-Quadro das Nações Unidas para as Alterações Climáticas (em inglês UNFCCC) durante a 21ª Conferência das Partes (CoP21) em 2015, conhecida como Acordo de Paris, o qual funciona como um guarda-chuva de acordos anteriores (Protocolo de Quioto – 1997 e Emenda de Doha – 2012), o Brasil possui metas mais rígidas e objetivas, sendo a principal a contribuição nacionalmente determinada (em inglês NDC), redução da emissão de gases de efeito estufa (GEE) em 37% abaixo dos níveis de 2005, até 2025, e em 43% até 2030.

Alguns setores devem ser mais afetados e cobrados: transportes, energia, edificações, agricultura, cimento, siderurgia, papel e celulose, química, combustíveis.

Para alcançá-las, o país se comprometeu também a aumentar a participação de bioenergia sustentável na sua matriz energética para aproximadamente 18%, restaurar e reflorestar 12 milhões de hectares de florestas (uma Coréia do Norte), e alcançar uma participação de 45% de energias renováveis na composição da matriz energética até 2030.

Como parte de seu compromisso, foi instituída a Política Nacional de Biocombustíveis (RenovaBio) pela Lei 13.576/2017, da qual se espera que, além de contribuir com as metas, expanda o uso de biocombustíveis (teoricamente menos agressivos) e induza a ganhos de eficiência energética quando entrar em vigor em 2020.

O biodiesel (um dos biocombustíveis) foi introduzido na matriz energética brasileira mais de uma década antes pela Lei 11.097/2005, enquanto que o uso de álcoois remonta ao Proálcool, lançado em 1975 para fazer frente ao 1º Choque do Petróleo (1973), ambos com efeitos colaterais socioambientais (Bermann, 2008), dentre os quais as queimadas em canaviais, que no Estado de S. Paulo devem ser banidas até 2031 (Lei Estadual 11.241/2002).

Por meio de metas anuais de descarbonização para o setor de combustíveis definidas na Resolução 5/2018 do Conselho Nacional de Política Energética (CNPE), uma distribuidora de combustíveis, por exemplo, em função de sua participação de mercado em gasolina, óleo diesel, etc. deverá comprovar o cumprimento de sua meta individual com a compra de créditos de descarbonização (CBios) sob pena de multas.

Os CBios têm a pretensão de se tornarem instrumentos financeiros negociáveis em bolsas, obtidos por produtores ou importadores de biocombustíveis[10] (etanol, biodiesel, etc.) em valor inversamente proporcional à intensidade de carbono gerado, os quais, com o apoio de firmas inspetoras, obterão as certificações e comercializarão seus CBios.

Tratam-se de instrumentos que combinam um comando legal impositivo de obrigação com incentivo econômico, registrados de forma escritural, com unidade padrão de 1 ton $CO_2$.

---

[10] O crescente uso de terras para a produção de biocombustíveis traz o indesejável efeito colateral de aumento nos preços dos alimentos, além do que a terra é o último recurso (lícito) que as pessoas dispõem para sobreviver.

É de se esperar muita discussão acerca de sua natureza jurídica e respectivos tratamento tributário e contábil a exemplo do que ocorre até hoje com seu antecessor, o crédito de carbono ou Reduções Certificadas de Emissões (RCEs) previstos no Protocolo de Quioto (*ver nota de rodapé 20*), sendo certo que o Fisco buscará seu quinhão a exemplo de algumas manifestações (Solução de Consulta SRFB 59/2008).

Aparentemente, as poucas empresas que já divulgaram operações com RCEs os classificaram genericamente como (outro) ativo não circulante, mas sua classificação (e consequentemente do CBio) mais precisa ou consensual continua em aberto: serviço, cessão de crédito, intangível[11], *commodity* (ambiental), instrumento financeiro (título e valor mobiliário), derivativo.

De modo a desestimular o consumo de combustíveis fósseis – por causa da emissão de GEE – e mostrar que a classe política vem fazendo algo, alguns países estão tributando os combustíveis com resultados inconclusivos, se não antagônicos até o momento.

A França traz um exemplo clássico[12]. Com certas semelhanças à "Copa das Manifestações" de 2013 e ao "Caminhonaço" de 2018 que pararam o Brasil, bastou o governo daquele país anunciar antecipadamente um aumento de cerca de 20 centavos de euro, fora tributos, no preço dos combustíveis[13] que eclodiram manifestações dos coletes amarelos (*gilets jaunes*), assim denominados em alusão ao equipamento obrigatório para motoristas a pé, justamente quando o governo do ex-banqueiro Macron tentava apagar comemorações aos 50 anos dos protestos de estudantes e trabalhadores no icônico ano de 1968.

Tais dificuldades servem ao menos para levantar questões: quem paga a conta pelo aquecimento? É óbvio que se nada for feito agora ou se ações forem adiadas, o preço a pagar por nossos filhos e netos será mais salgado. Mas será que são os menos favorecidos e/ou (o que resta da) classe média a arcar? Ainda mais num momento de direitos sociais e emprego em declínio, enquanto os lucros das corporações vão aos céus e privilégios da elite pública e privada são até ampliados?

---

[11] Ribeiro (2005b) defende tratar-se de benefício econômico futuro de longa duração e identificável, um "direito de poluir", isto é, um ativo intangível.

[12] Na realidade, vários exemplos. O primeiro país a instituir o Balanço Social (*bilan social*) para empresas em sua legislação trabalhista (1977) e um dos primeiros a tratar a prática de obsolescência programada de produtos como crime.

[13] Segundo a imprensa, o preço médio do óleo diesel na França (combustível mais usado naquele país, inclusive por carros de passeio) estava em cerca R$ 6,64/litro (2018) dos quais 60% são tributos, incluindo o maior, *taxe carbone* criado em 2014.

Por via das dúvidas, posteriormente o governo francês anunciou uma ecotaxa a passageiros de voos que partem de seus aeroportos a exemplo de similares de outros países europeus. Sua receita deverá financiar transporte público, especialmente o ferroviário, bem menos poluente.

No gigantesco, caótico e injusto sistema tributário nacional, há tanto exemplos de desincentivos ou majoração de carga para práticas anti-ambientais, quanto de incentivos (isenções, reduções de alíquotas ou na base de cálculo, subsídios, subvenções, etc., *alguns tratados no Capítulo 7 "Contabilidade Ambiental"*), apesar de, na prática, emergirem obstáculos e exigências que dificultam à empresa o exercício destes.

Por exemplo, a Lei 12.305/2010 que instituiu a Política Nacional de Resíduos Sólidos, prevê a redução de base de cálculo do IPI em reciclagens (renovação ou recondicionamento, art. 194 do Decreto 7.212/2010), porém, para muitas atividades a Receita Federal considera industrialização ordinária, sem direitos ao benefício.

Às vezes apregoado como o tributo brasileiro sobre a emissão de carbono, a Contribuição de Intervenção no Domínio Econômico (Cide-Combustíveis) incide sobre a importação e a comercialização de petróleo e seus derivados, gás natural e seus derivados, e álcool etílico combustível (Lei 10.336/2001). Objetiva desestimular a utilização de veículos ao encarecer o preço dos combustíveis, afetando custos de empresas de transportes e as que se servem desses serviços.

No mesmo sentido, são as medidas como: taxas de inspeção veicular obrigatória (que vigorou em S. Paulo entre 2008 e 2013) e rodízios (restrições) de circulação de veículos, como uma experiência em alguns municípios da Grande S. Paulo em 1996 e a Operação Horário de Pico no centro expandido da Cidade de S. Paulo, em vigor desde 1997, cuja prioridade original era reduzir os congestionamentos.

Na mesma época foi liberado – e posteriormente incentivado – o uso de automóveis movidos a gás natural que emitem 20% menos $CO_2$ que a gasolina e 15% menos que o etanol. Efeito semelhante se observa em veículos pesados, movidos a óleo diesel. Após atingir seu ápice no início dos anos 2000, reduções na diferença de preços desestimularam seu consumo mantendo a frota estagnada por anos ao redor de 1,8 milhão.

A propósito, o gás natural também tem aplicações domésticas (fornos e fogões) e industriais (força motriz, calor, eletricidade e matéria-prima).

Recentemente, sob muita pressão e controvérsias, foi instituído o Programa Rota 2030 - Mobilidade e Logística que, considerando-se a eficiência energética e peso, permite a redução do Imposto sobre Produtos Industrializados (IPI) para veículos novos (híbridos e elétricos) importados e produzidos no país (Lei 13.755/2018).

Pelos impactos que causam e também por sua importância estratégica, a Constituição (art. 20 § 1°) determina que atividades relativas à exploração econômica de recursos naturais e minerais como petróleo, gás natural, minérios metálicos, carvão mineral e geração hidrelétrica arquem com compensação financeira de modo a contrabalançar os danos causados ainda que a natureza tributária não seja consensual.

De qualquer modo, empresas destes setores, após complexa apuração, têm de desembolsar regularmente *royalties* do petróleo, *royalties* de Itaipu, compensação financeira pela utilização de recursos hídricos (CFURH) ou compensação financeira pela exploração de recursos minerais (CFEM), conforme o caso.

Para reduzir custos e incentivar a utilização de fontes alternativas de geração de energia: eólica, solar, biomassa e pequenas centrais hidrelétricas, foi instituído o Proinfa (Lei 10.438/2002), que conta com supervisão da Eletrobrás e financiamento do BNDES.

Imóveis rurais de interesse ambiental (Áreas de Preservação Permanente (APP), de reserva legal, de Reserva Particular do Patrimônio Natural (RPPN), de interesse ecológico, de servidão florestal ou ambiental, cobertas por floresta nativa e as alagadas para abertura de reservatório de usinas hidrelétricas), efetivamente protegidas e declaradas, acobertadas por Ato Declaratório Ambiental (ADA) devidamente entregues ao IBAMA, possibilita ao proprietário rural uma redução do Imposto Territorial Rural (ITR) em até 100% (Lei 6.938/1981). Esta redução busca estimular a preservação de vegetação natural que não ocorreria se a área fosse destinada a plantação, pastagem ou outra atividade econômica.

Nas esferas estadual, distrital e municipal existem exemplos de ICMS, IPVA, ISS e IPTU "verde" ou "ecológico" que podem significar diminuição do imposto a pagar.

O poder público goza ainda de receitas correntes não tributárias, a pretexto de preservação e manutenção, oriundas de taxas e ingressos cobrados em parques, reservas e ilhas (p. exemplo, dias de permanência em Fernando de Noronha) pela "exploração de seu patrimônio", mas que não costumam impactar materialmente as empresas.

Já as violações ao meio ambiente podem ter repercussão jurídica tripla: responsabilidade civil, administrativa e criminal.

A responsabilidade civil resulta no dever de reparar, de indenizar pelos danos causados, prevista no Código Civil, independentemente de culpa ou dolo.

Ocorre infração administrativa com o descumprimento de norma, isto é, "toda ação ou omissão que viole as regras jurídicas de uso, gozo, promoção, proteção e recuperação do meio ambiente" autuada por agente público.

As sanções previstas na Lei de Crimes Ambientais 9.605/1998 compreendem:

*I - advertência;*

*II - multa simples;*

*III - multa diária;*

*IV - apreensão dos animais, produtos e subprodutos da fauna e flora, instrumentos, petrechos, equipamentos ou veículos de qualquer natureza utilizados na infração;*

*V - destruição ou inutilização do produto;*

*VI - suspensão de venda e fabricação do produto;*

*VII - embargo de obra ou atividade;*

*VIII - demolição de obra;*

*IX - suspensão parcial ou total de atividades;*

*X - restritiva de direitos.*

Nos casos de multa simples, pode haver conversão em serviços de preservação, melhoria e recuperação da qualidade do meio ambiente com desconto de 35% ou de 70% sobre o valor, a depender da situação, se deferida pela autoridade (Decreto 6.514/2008), embora permaneça o dever de reparar integralmente o dano causado.

No aspecto penal, a lei supramencionada é inovadora ao responsabilizar além das pessoas naturais (físicas) que cometem ilícitos (por exemplo: poluição além de padrões, extração sem licenças, manuseio de substâncias tóxicas), as próprias pessoas jurídicas em função da gravidade, antecedentes e situação econômica, ainda que no Brasil impere a impunidade corporativa.

Dentre as penalidades criminais empresariais estão:

*I - multa;*

*II - restritivas de direitos:*

    *a) suspensão parcial ou total de atividades;*

    *b) interdição temporária de estabelecimento, obra ou atividade;*

    *c) proibição de contratar com o Poder Público, bem como dele obter subsídios, subvenções ou doações;*

*III - prestação de serviços à comunidade:*

    *a) custeio de programas e de projetos ambientais;*

    *b) execução de obras de recuperação de áreas degradadas;*

    *c) manutenção de espaços públicos;*

*d)* contribuições a entidades ambientais ou culturais públicas.

Caso se revele que a empresa foi constituída "de fachada", isto é, para facilitar ou ocultar a perpetração de crime, a penalidade será sua liquidação forçada e seu "patrimônio" (na verdade, ativos), será perdido em favor do Fundo Penitenciário Nacional, cabendo tratamento especificado para animais, produtos perecíveis, madeira e outros itens recuperados.

Destaque-se que as multas administrativas aplicadas por órgãos públicos em casos de infrações à ordem legal não se confundem com multas por descumprimentos de obrigações tributárias, como por exemplo: recolhimentos em atraso, não entrega de declaração dentro do prazo, etc. a depender do caso, podem impactar de forma relevante uma operação empresarial e suas demonstrações contábeis.

# 4. SISTEMAS DE GESTÃO AMBIENTAL (SGA)

Países com legislações ambientais frouxas, vagas e/ou com fiscalização precária, deficiente, como é o caso brasileiro, seguir a legislação ou não ser punido não significa bom desempenho ambiental nem pode ser encarado como suficiente[14].

Dentro da filosofia de desenvolvimento sustentável, as empresas têm procurado investir em sistemas que visam melhorar a gestão de riscos ambientais e, indiretamente, a imagem corporativa em contrapartida a recursos financeiros, humanos e físicos consumidos. Estes sistemas são denominados de Sistemas de Gestão Ambiental (SGA).

Segundo Reis (*apud* Ribeiro, 2005a), trata-se de um "conjunto de rotinas e procedimentos que permite a uma organização administrar adequadamente as relações entre suas atividades e o meio ambiente *(...)* atender às imposições legais aplicáveis às várias fases dos processos, desde a produção até o descarte final, passando pela comercialização *(...)* além de manter os procedimentos preventivos e proativos que contemplam os aspectos e efeitos ambientais da atividade, produtos e serviços, bem como os interesses e expectativas das partes interessadas".

Dentro da análise de riscos empresariais, risco ambiental corresponde a uma probabilidade de ocorrência de um acidente e a avaliação de seus impactos ambientais, sociais e econômicos, refletidos na contabilidade (*tratados mais adiante no Capítulo 7 "Contabilidade Ambiental"*).

Quando acontece um acidente, por exemplo, um veículo da empresa atropela um pedestre, um navio que levava um container para um cliente no estrangeiro afunda ou um avião cai com um executivo, pode trazer algum reflexo nas demonstrações contábeis, perdido entre números a depender do porte da empresa, não gera destaque e, por sinal, costuma ser ordinariamente ressarcidos pelo seguro. O acidente termina no local e no instante em que acontece. Dura, no máximo, algumas semanas quando um viaduto trinca ou um edifício incendeia-se e desaba.

---

[14] A Comissão para o Desenvolvimento Sustentável da ONU (2001) traz perverso relato sobre a experiência estadunidense e a utilização de empresa pequena interposta que se torna insolvente na ocorrência de dano ambiental.

Acidentes ambientais, todavia, podem tomar grandes proporções e se tornar um desastre. Mais importante é que, independentemente do termo aplicado – desastre de Mariana (Samarco), acidente de Fukushima (Tepco) ou tragédia de Brumadinho (Vale), este tipo de evento apenas começa no local e no momento em que acontece.

Anos depois, a quilômetros de distância, centenas ou milhares de pessoas, fauna, flora, capital histórico e cultural, ainda poderão sofrer as consequências malignas desta ocorrência, trazendo para a empresa causadora (muitas vezes terceira de sua cadeia de suprimentos) reflexos econômico-financeiros que "contaminam" seu balanço por anos.

Uma forma de se garantir, para além do que um SGA proporciona seria a aquisição (ou adição) de um seguro ambiental, prática que não é muito difundida no Brasil pré-tragédia de Brumadinho[15], segmento que apresenta grande potencial de crescimento devido às exigências legais e às pressões cada vez maiores da sociedade, dos órgãos fiscalizadores e da mídia.

O seguro de responsabilidade ambiental visa fazer pagar o agente causador da degradação ambiental pela reparação da degradação provocada. Frequentemente, só as atividades perigosas ou eventualmente perigosas, que causam efeitos diretos às pessoas, injúria pessoal, bens e às vezes biodiversidade ou locais contaminados são captadas sob a designação de responsabilidade estrita (objetiva). Este tipo de responsabilidade significa que não há necessidade de estabelecer uma culpa por parte do agente, mas apenas o fato de uma ação (ou a sua omissão) ter causado o dano (ONU, 2001).

Os SGAs derivam de certificados conhecidos como "selos verdes" ou "selos ambientais" que buscam indicar, sobretudo aos consumidores, que determinado produto ou serviço possui aspectos ecologicamente corretos.

O primeiro selo, *blauer engel* (anjo azul), foi criado em 1978 na então Alemanha Ocidental e serviu de modelo para a NBR ISO 14024 "Rótulos e Declarações Ambientais - Rotulagem Ambiental do Tipo I - Princípios e Procedimentos".

---

[15] Talvez porque para um segurado ou beneficiário receber a indenização devida em sinistros pouco além dos simples e rotineiros, seja muitas vezes um verdadeiro martírio, quando entram em cena bancas de advocacias "especializadas" em direito securitário.

Atualmente há uma profusão de selos internacionais, muitos representados no Brasil, dentre os quais destacam-se o Rótulo Ecológico da Associação Brasileira de Normas Técnicas (ABNT) regulamentado pela norma supracitada, o selo Procel (conservação de energia elétrica em equipamentos domésticos) executado pela Eletrobras (Centrais Elétricas Brasileiras S.A.) desde 1993 e o selo Conpet (seu equivalente para equipamentos domésticos a gás) desde 2005, os dois últimos com suporte do Instituto Nacional de Metrologia, Normalização e Qualidade Industrial (Inmetro).

A falta de certificação internacionalmente reconhecida em controles ambientais (e também em saúde e segurança) é, inclusive, cada vez mais condição para o comércio internacional e pode ser utilizada como barreira não tarifária, sob o forte argumento que se trata de uma garantia para o consumidor.

Como muitas outras certificações, pode se aplicar ao produto ao longo de seu ciclo de vida e/ou ao processo.

Por conta disso e de certa obsessão de corporações com selos e certificações, empresas correm atrás de consultorias para implementação de algum SGA, sendo comum ao grande público achar que esta funciona como uma garantia que a empresa não polui nem agride o meio ambiente.

Para a Associação Alemã de Engenheiros VDI (*apud* ONU, 2001) o montante gasto em proteção ambiental não está relacionado com seu desempenho ambiental. Portanto, não representa um parâmetro por si só.

Na sua revisão bibliográfica, Martins (2015) alerta que obter uma certificação não é um sinônimo ou modelo de excelência ambiental, pois não exige os melhores padrões e tecnologias imediatamente, ainda que ao menos sirva para demonstrar que uma empresa possui gestão ambiental.

Quanto aos SGAs mais conhecidos, o autor avaliou que a norma NBR ISO 14001 é menos exigente quanto à política ambiental, que a BS 7750 que a inspirou, focando somente o compromisso de prevenção da poluição e que o EMAS aproxima-se mais da política ambiental preconizada pela BS 7750.

# 5. SÉRIE NBR ISO 14000

A série NBR ISO 14000 é um conjunto de normas voltadas para, em tese, criar um SGA em empresas de qualquer nível, tamanho ou área, e assim, reduzir os danos causados ao meio ambiente.

Além de aspectos ambientais em gestão normas de produtos, a série traz termos e definições e abrange os seguintes temas: rotulagem ambiental (selo verde), auditoria ambiental, análise do ciclo de vida, avaliação do desempenho ambiental.

Sua aplicação se dá pela adesão voluntária a um tipo de certificação estipulada pela International Organization for Standardization (ISO), organização internacional de entidades normalizadoras fundada em 1947 com sede em Genebra, Suíça, que no Brasil é representada pela ABNT. Para sua manutenção, a empresa se submete às auditorias externas (de certificação, de manutenção e de re-certificação).

O Inmetro é o órgão de acreditação do Sistema Brasileiro de Avaliação da Conformidade (SBAC, antigo Sistema Brasileiro de Certificação, Resolução Conmetro 4/2002), que dentre outras funções, credencia as empresas certificadoras de conformidade, denominadas OACCs (organismos de avaliação da conformidade [de sistema de gestão ambiental] credenciados).

Tendo como modelo a primeira norma SGA lançada anos antes, a britânica BS 7750 e combinando a experiência acumulada nas normas da série NBR ISO 9000 (sistema de gestão da qualidade) com propostas feitas na Eco 92, a norma NBR ISO 14001 foi aprovada em 1996[16] e busca promover os seguintes resultados, além de, indiretamente, aumentar a eficiência de recursos, reduzir desperdícios e custos:

a) aprimoramento do desempenho ambiental;

b) cumprimento de dispositivos legais e normativos ambientais;

c) atingimento de objetivos ambientais.

De modo similar às normas de qualidade, divulga compromisso da empresa que voluntariamente quantifica, monitora e aprimora seus impactos ambientais perante os grupos de interesse (stakeholders) e sua implementação é certificada por terceiros se todos requisitos forem preenchidos, embora admita-se seu uso parcial ou gradativo.

[16] Numa reunião plenária ocorrida no Brasil (ISO apud Martins, 2015). Em 1997, a Cia. Brasileira de Metalurgia e Mineração tornou-se a primeira mineradora do mundo a conquistar esta certificação.

O SGA não conflita, ao invés, pode interagir com outros sistemas de gestão, como qualidade (NBR ISO 9000), energia (NBR ISO 50000), saúde e segurança (OHSAS 18001), responsabilidade social (SA 8000), responsabilidade corporativa (AA 1000APS), gestão de segurança de informações (ISO/IEC 27001), etc.

Seus princípios baseiam-se no ciclo Plan-Do-Check-Act (PDCA) de melhoria contínua. A cada repetição do ciclo, um resultado diferente (teoricamente melhor).

*Figura 4 – Relação entre PDCA e Estrutura*

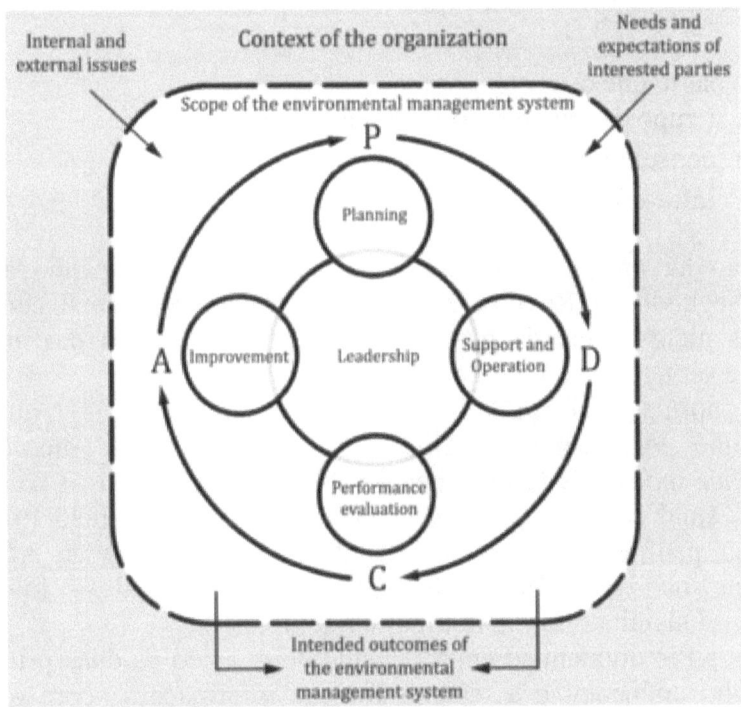

*Fonte: NBR ISO 14001.*

Antes de implementar a norma é feita uma revisão de produtos e processos sob ótica de "aspectos ambientais". Nesta etapa, Planejar (*Plan*) são estabelecidos objetivos e processos necessários.

A etapa seguinte, Fazer ou Executar (*Do*), os processos são implementados, os recursos necessários são identificados e os membros responsáveis pelo controle do SGA.

Na etapa Verificar, Conferir ou Checar (*Check*), o desempenho é periodicamente monitorado e medido a fim de assegurar que metas e objetivos estão sendo alcançados. Compare-se o antes e o depois.

Finalmente, é feita uma revisão na etapa Agir (*Act*) a fim de assegurar o cumprimento de objetivos e a extensão destes, bem como gestão da comunicação.

Além de contribuir para quase todos os ODS, sua certificação aponta os seguintes benefícios internos e externos:

a) maior aderência a leis e regulações ambientais;

b) diagnóstico dos impactos ambientais de cada atividade ou negócio;

c) pessoal mais qualificado;

d) melhora na imagem e vantagem competitiva em algumas situações;

ao passo que os custos são:

a) tempo de trabalho dos colaboradores;

b) consultorias e treinamentos;

c) infra-estrutura.

Não há um único modo de se avaliar o desempenho ambiental (ADA). Segundo La Rovere (2001), "desempenho ambiental consiste em resultados mensuráveis da gestão de aspectos ambientais das atividades, produtos e serviços de uma organização".

A norma NBR ISO 14031 "Gestão Ambiental – Avaliação de Desempenho Ambiental – Diretrizes" traz algumas métricas, *key performance indicators* (KPIs), pelos quais são comparados o desempenho ambiental atual contra o passado (*figura 5*). Segue o modelo PDCA sem estabelecer padrões de desempenho ambiental. Exemplos de ADA estão disponíveis na NBR ISO 14033 "Gestão Ambiental – Informações Ambientais Quantitativas – Diretrizes e Exemplos".

Os KPIs dividem-se em três categorias, sendo as duas primeiras de desempenho ambiental e a terceira fornece informações sobre o impacto ambiental real ou potencial, cada qual com suas subcategorias:

• indicadores de desempenho gerencial (IDG);

• indicadores de desempenho operacional (IDO);

• indicadores de condição ambiental (ICA ou EPIs em inglês).

Figura 5 – Inter-relações da Administração e das Operações de uma Organização com a Condição do Meio Ambiente

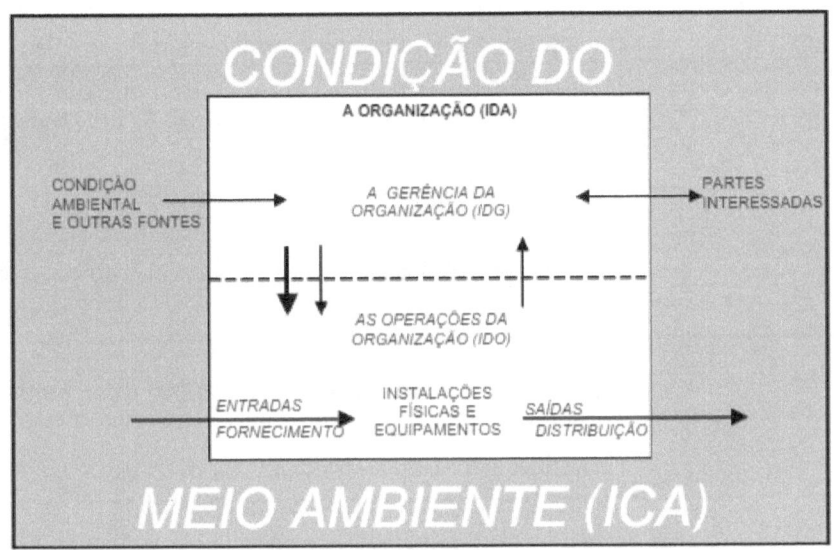

Fonte: NBR ISO 14031.

A ADA ajuda a administração a avaliar o *status* de seu desempenho ambiental e a identificar áreas onde melhorias são necessárias, dando suporte aos requisitos da NBR ISO 14001, embora possa ser usada independentemente, sem um SGA, para identificar os aspectos ambientais relevantes.

Dentre os exemplos de indicadores da própria norma, destacam-se:

- IDG (financeiros):
  - Custos (operacional e de capital) que são associados com os aspectos ambientais de um produto ou processo;
  - Retorno sobre o investimento para projetos de melhoria ambiental;
  - Economia obtida através da redução do uso dos recursos, da prevenção de poluição ou da reciclagem de resíduo;
  - Receita de vendas atribuíveis a um novo produto ou subproduto projetado para atender ao desempenho ambiental ou aos objetivos de projeto;
  - Fundos para pesquisa e desenvolvimento aplicados a projetos com significância ambiental;

- IDO (materiais):
  - Quantidade de materiais usados por unidade de produto;
  - Quantidade de materiais processados, reciclados ou reutilizados;
  - Quantidade de matéria-prima reutilizada no processo de produção;
  - Quantidade de água por unidade de produto;
  - Quantidade de água reutilizada;
  - Quantidade de materiais perigosos usados no processo de produção;
- IDO (energia):
  - Quantidade de energia usada por ano ou por unidade de produto;
  - Quantidade de energia usada por serviço ou cliente;
  - Quantidade de cada tipo de energia usada;
  - Quantidade de unidades de energia economizada devido a programas de conservação de energia.
- IDO (instalações físicas e equipamentos):
  - Número de situações de emergência (explosões) ou operações não rotineiras (paradas operacionais) por ano;
  - Área total de solo usada para fins de produção;
- IDO (fornecimento e distribuição):
  - Custo médio de combustível da frota de veículos.
- IDO (produtos):
  - Número de produtos introduzidos no mercado com propriedades perigosas reduzidas;
  - Número de produtos que podem ser reutilizados ou reciclados;
  - Porcentagem do conteúdo de um produto que pode ser reutilizado ou reciclado;
  - Índice de produtos defeituosos;
  - Duração de uso do produto;
  - Número de produtos com instruções referentes ao uso e à disposição ambientalmente seguros.
- IDO (resíduos):
  - Quantidade de resíduos por ano ou por unidade de produto;
  - Quantidade de resíduos perigosos, recicláveis ou reutilizáveis por ano;

- o Quantidade de resíduos para disposição;
- o Quantidade de resíduos armazenados no local;
- o Quantidade de resíduos convertidos em material reutilizável por ano.
- o Quantidade de resíduos perigosos eliminados devido à substituição de material.
- • IDO (emissões):
  - o Quantidade de emissões específicas por ano;
  - o Quantidade de emissões específicas por unidade de produto;
  - o Quantidade de energia desperdiçada, liberada para a atmosfera;
  - o Quantidade de emissões atmosféricas com potencial de depleção da camada de ozônio;
  - o Quantidade de emissões atmosféricas com potencial de mudança climática global.
  - o Quantidade de um material específico descarregado na água por unidade de produto.
- • ICA (ar):
  - o Concentração de um dado contaminante, no ar ambiente, em locais selecionados para monitoramento;
  - o Temperatura ambiente em locais dentro de uma distância específica da instalação da organização;
  - o Níveis de opacidade da corrente de ar, em relação à instalação da organização;
  - o Frequência de ocorrência de névoas fotoquímicas em uma área local definida;
  - o Média ponderada dos níveis de ruído no perímetro da instalação da organização;
  - o Odor medido a uma distância específica na instalação de uma organização.

- • ICA (água):
  - o Concentração de contaminantes específicos na água subterrânea ou superficial;
  - o Turbidez na corrente adjacente à sua instalação, medida à jusante e à montante do ponto de descarga da água servida;
  - o Oxigênio dissolvido em corpos d'água receptores;

- o Temperatura da água na superfície de um corpo d'água adjacente à instalação da organização;
- o Mudança no nível do lençol d'água subterrâneo;
- o Número de bactérias coliformes por litro d'água.
- ICA (solo):
  - o Concentração de nutrientes selecionados no solo adjacente às instalações da organização;
  - o Área reabilitada em uma área local definida;
  - o Área dedicada a aterro sanitário, turismo e pântanos em uma área local definida;
  - o Área não fértil e pavimentada em uma área local definida;
  - o Áreas protegidas em uma área local definida;
  - o Medida da erosão na superfície do solo de uma área local definida.
- ICA (flora / fauna):
  - o Concentração de um contaminante específico em tecidos de uma superfície específica de planta encontrada numa área local ou regional;
  - o Rendimento de safras, ao longo do tempo, nas áreas circunvizinhas;
  - o Número total de espécies de flora em uma área local definida;
  - o Medidas específicas da quantidade do habitat de determinadas espécies na área local;
  - o Medidas específicas da quantidade da vegetação de uma área local definida;
  - o Número total de espécies da fauna em uma área total definida.
- ICA (humanos):
  - o Dados de longevidade para populações específicas;
  - o Incidência de doenças específicas a partir de estudos epidemiológicos na área local ou regional;
  - o Taxa de crescimento da população numa área local ou regional;
  - o Densidade populacional na área local ou regional;
  - o Níveis de chumbo no sangue da população local
- ICA (patrimônio histórico-cultural):
  - o Avaliação da condição das estruturas sensíveis;

- o Avaliação da condição de lugares considerados sagrados nas proximidades das instalações da organização;
- o Avaliação da integridade da superfície de edificações históricas na área local.

O Grupo de Trabalho Intergovernamental em Padrões Internacionais de Contabilidade e Relatório da Conferência das Nações Unidas sobre Comércio e Desenvolvimento (UNCTAD), denominado ISAR (*International Standards of Accounting and Reporting*) expõe algumas categorias de ICAs que podem ser absorvidas pelas demonstrações contábeis, algumas destas encontradas em balanços sociais, relatórios de responsabilidade social e relatórios de sustentabilidade (ONU, 1997):

*Tabela 1 – ICAs Apresentáveis em Demonstrações Contábeis*

| Categoria | Exemplos |
|---|---|
| 1- medidas de impacto ambiental final | Diversidade de espécies em torno da planta, nível de ruído, taxa de emissão sustentável |
| 2- medidas de risco de potencial impacto | Uso de químicas/materiais de alto risco, risco de fatalidade às populações expostas, risco de danos ao ecossistema |
| 3- medidas de emissão/desperdício | No ar, água e aterros, como o RETP[17] |
| 4- medidas de entrada (eficácia do processo de negócio) | Pessoas, equipamentos, materiais, ambiente físico, suporte interno |
| 5- medidas de consumo de recursos | Energia, materiais, água, eletricidade, combustíveis |
| 6- medidas de eficiência de utilização de energia e materiais | Porcentagem de utilização de materiais e equipamentos, taxas de desperdício de energia |
| 7- medidas de satisfação e comportamento do cliente | Nível de aprovação, número de reclamações |
| 8- medidas financeiras | Custos ambientais relacionados a investimentos, custos ambientais operacionais, conformidade, multas, penalidades, custos de materiais/energia, custos evitados mais benefícios mensuráveis |

---

[17] Registro de Emissão e Transferência de Poluentes do Ministério do Meio Ambiente.

As normas da série NBR ISO 14000 são constantemente revistas e outras normas dentro da série estão sendo elaboradas.

Por exemplo, a orientação sobre o estabelecimento, implementação, manutenção e melhoria de um SGA robusto, crível e confiável é estabelecido pela NBR ISO 14004 "Sistemas de Gestão Ambiental – Diretrizes Gerais para a Implementação".

Visando o levantamento de "passivos ambientais" em áreas contaminadas, aplica-se a  NBR ISO 14015 "Diretrizes para Avaliações Ambientais de Locais".

Vale destacar também a NBR ISO 14051 "Gestão Ambiental — Contabilidade dos Custos de Fluxos de Material — Estrutura Geral" (MFCA), que por sua relevância será melhor tratada no Capítulo 10.

A partir de 2002, as normas de auditorias ambientais foram substituídas e reunidas pela NBR ISO 19011 "Diretrizes para auditoria de sistemas de gestão", a qual é tratada no Capítulo 14.

# 6. SISTEMA DE ECOGESTÃO E AUDITORIA (EMAS)

O Eco-Management and Audit Scheme (EMAS) da União Europeia (UE) é um sistema de gestão criado em 1993 pela Comissão Europeia (órgão executivo daquela comunidade), em que cada Estado-membro pode proceder ao registro provisório ou definitivo, ou recusá-lo.

Seu objetivo é promover a melhoria dos resultados ambientais de organizações e empresas privadas e públicas de todos os setores pelos seguintes meios: estabelecer a adoção de SGA em conformidade com a norma; realizar a avaliação objetiva e periódica desse sistema; promover a formação e participação ativa dos colaboradores; reportar aos vários usuários ou grupos de interesse (*stakeholders*), o relatório de auditoria ambiental; e incrementar seu desempenho ambiental.

A maioria das empresas são dos setores de eletricidade (indústrias) e de tratamento de resíduos (Comissão Europeia, 2012). Desde 2010 está disponível às empresas não-europeias.

Segundo se propaga, é relativamente simples para empresas que já adotam voluntariamente um SGA como NBR ISO 14001 avançar para o EMAS. Aliás, ter um SGA implementado é requisito para uma empresa se registrar no EMAS.

Por seu turno, estar registrado no EMAS facilitaria a empresa que deseja participar da denominada "Economia Circular", um conceito que adapta as práticas econômicas ao desenvolvimento sustentável fundados na redução, reutilização, recuperação e reciclagem de materiais e energia em oposição ao modelo manufatureiro tradicional: extração, transformação, descarte.

O EMAS também possui seu selo que pode ser utilizado nas informações certificadas, nas declarações ambientais certificadas, em cabeçalhos de formulários e na publicidade de seus serviços, produtos ou atividades, embora não possa ser utilizado em produtos ou embalagens de produtos nem para estabelecer comparações com outros produtos.

# 7.CONTABILIDADE AMBIENTAL

Frequentemente (um eufemismo para quase sempre), depois de toda exposição sobre degradação ambiental e desenvolvimento sustentável, os alunos de graduação perguntam:

– Legal... mas por que temos de saber disso (ou pior, estudar isso) num curso de Contabilidade?

Na pressa, costuma-se responder:

– *Pra* passar de ano!

Aliás, quando promulgada em 1988, a Constituição já estipulava a promoção de educação ambiental em todos os níveis, inclusive o superior, não importa qual curso (art. 225 parágrafo 1° inciso VI).

A Contabilidade é indissociável do mundo, não um fim em si mesmo (algo ainda hoje difícil de ser entendido por alguns colegas). A medida em que o tema ganhava destaque, importância, pressão social, mercadológica e governamental, talvez com atraso em comparação com outras áreas de conhecimento, os cursos de graduação passaram a incluir disciplinas relacionadas ao tema sustentabilidade em seus currículos concomitante as empresas ampliarem o conjunto de informações ambientais em seus relatórios.

O problema da falta de troca de informações com outras áreas do conhecimento aliás, se passa entre as ciências naturais e as humanidades e foi denunciado há 60 anos em Cambridge, Reino Unido, pelo cientista e romancista C. P. Snow na célebre conferência "Duas Culturas".

A preeminente questão ambiental reativou de certa forma a necessidade de busca por soluções inter ou transdisciplinares.

Quiçá por seu maior destaque e influência na cena política, sua prima Economia, está há mais de tempo incorporando o meio ambiente às análises econômicas.

Como exemplo do poder dos economistas, Jackson (2013) cita o Relatório Stern de 2006, que leva o nome do economista convidado a liderar uma investigação sobre os custos de mudanças climáticas sobre a economia a pedido do Tesouro britânico.

"É revelador que tenha sido necessário um economista comissionado pelo Tesouro de um governo alertar o mundo sobre o que cientistas do clima vinham dizendo há anos *(...)*. isso é em parte testemunho do poder dos economistas no mundo político".

Na verdade, esta não foi a primeira contribuição, ainda que indireta, de economistas.

Um estudo encomendado pelo Clube de Roma e conduzido pelo prestigiado Instituto de Tecnologia de Massachusetts (MIT) intitulado "Limites do Crescimento" (1972) chegou a conclusão que a Terra não suportaria o ritmo de crescimento populacional devido à pressão sobre recursos naturais e descarga de poluentes, mesmo se considerando os avanços tecnológicos (Meadows *et al*, 1972)[18].

Grosso modo, o que os Meadows e seus colegas fizeram foi incluir mais dados e considerar avanços tecnológicos para se determinar se o crescimento econômico e aumento populacional já haviam excedido ao limite ambiental. Novamente o problema da escassez levantada no Capítulo 2. Questão que de certa forma o economista inglês Thomas Malthus, pai da demografia e importante ator para a Ecologia havia feito quase 200 anos antes, quando estipulou que a população crescia em progressão geométrica enquanto a produção de alimentos aumentava em progressão aritmética e contribuindo decisivamente para a alcunha de ciência funesta.

Coincidência ou não, em 2018 os laureados com o Nobel em Economia foram os estadunidenses William D. Nordhaus, por sua obra pioneira na integração das mudanças climáticas às análises econômicas e fundamentos para uma "contabilidade verde" (nacional); e Paul M. Romer, pelas pesquisas sobre o impacto das inovações tecnológicas sobre o crescimento econômico.

Eventos ambientais costumam ser solenemente ignorados pelas empresas e em suas demonstrações contábeis tradicionais, salvo quando impactam com tamanha materialidade para reconhecimento, classificação e mensuração, usualmente como passivos, provisões e itens excepcionais.

Ribeiro (2005a) e Carvalho (2008) especulam que o esperado impacto negativo causado pelo reconhecimento de eventos ambientais nas demonstrações contábeis foi um dos responsáveis por este atraso, mas não parecem ser os únicos. As próprias autoras levantam outras hipóteses, como maior custo de processos mais limpos (e consequentemente, piores margens de lucro), receio de divulgação de atividades poluentes ou degradantes (publicidade negativa), e muito apropriadamente, a dificuldade de quantificação (mensuração para os cepecianos) de fatos ou eventos contábeis ambientais.

Trata-se de um enfrentamento profissional que atormenta contadores de longa data: a tentação das empresas em superavaliação de ativos e subavaliação de passivos. Tanto que as auditorias direcionam testes específicos para os saldos patrimoniais.

---

[18] Longe de ser um consenso, por outro lado, recentes atualizações do estudo insistem em confirmar o mundo atual como um lugar bem parecido com aquele projetado há quase meio século (Turner *et al*, 2014).

Sob pressão por todos os lados a adotar melhores práticas de governança que abordem não somente aspectos econômico-financeiros em detrimento do social e do ambiental, as empresas estão sendo levadas – entre outras mudanças, a gerar e divulgar mais e mais seus dados socioambientais, sejam inseridos nas demonstrações contábeis tradicionais, sejam em relatórios específicos usualmente referidos como relatórios de sustentabilidade (*Capítulo 11*).

Nesta missão cabe à Contabilidade, carregando a responsabilidade de ser a linguagem dos negócios e a "mais exata" das ciências humanas ou sociais, como a detentora natural de tecnologia e metodologia para o fazimento de relatórios, a ponto de ser apontada por Fayol (1841-1925), um dos pais da Administração, como uma das funções essenciais de uma empresa, pois registra eventos e transações, armazena e processa esta massa de dados e a apresenta informações para decisões de diversos usuários, normalmente sob a forma de relatórios (comunicação com os públicos).

Mas resta a pergunta: no que consiste a contabilidade ambiental?

A visão mais comum de contabilidade ambiental é a de apresentar nas demonstrações contábeis obrigatórias os efeitos econômico-financeiros de algum desastre ou tragédia ambiental do tipo que se abateu recentemente em Mariana ou em Brumadinho pelo rompimento de barragens de dejetos de mineração.

Na verdade, não é preciso a ocorrência de um desastre destas proporções para que se tenha um evento contábil de natureza ambiental. No dia-a-dia das operações há eventos ambientais que merecem atenção contábil.

Não há consenso quanto aos relatórios para se fazer a comunicação empresas-sociedade: nos relatórios ou demonstrações tradicionais obrigatórias como Balanço Patrimonial (BP), Demonstração de Resultado do Exercício (DRE), Demonstração dos Fluxos de Caixa (DFC), Demonstração do Valor Adicionado (DVA) mais Relatório da Administração (RA) e Notas Explicativas (NEs) ou por meio de facultativos relatórios de sustentabilidade? Ou ambos?

O IASB (*International Accounting Standards Board*) não aconselha fazer referência à divulgação de informes ambientais separados nas demonstrações contábeis. Questionado quando esteve no Brasil para XIV Seminário Internacional CPC de Normas Contábeis Internacionais (2017), um espantado *chairman* Hans Hoogervorst declarou pela enésima vez que o foco das normas internacionais de contabilidade financeira (IFRS, *International Financial Reporting Standards*) são relatórios sob o ponto de vista Financeiro, voltado especialmente a credores e investidores. Talvez o *chairman* não tenha sido avisado que o público que costuma frequentar esses encontros preocupa-se mais com seu caráter social que debates técnicos...

Ribeiro (2005a) e Carvalho (2008) veem a contabilidade socioambiental como uma especialidade, assim como a contabilidade de custos ou contabilidade do agronegócio, para depois resumir a primeira autora: "em síntese, pode-se afirmar que a grande contribuição dessa contabilidade é a *evidenciação das informações de natureza ambiental de forma segregada...*" (*idem*).

Seria uma especialidade ou segmento que envolve em maior ou menor grau as três contabilidades que as empresas costumam manter: a gerencial – voltada à gestão, portanto sob medida para usuários internos, de acordo com suas necessidades; a contabilidade financeira (ou mercantil, societária, ortodoxa, etc.) – também para usuários internos mas principalmente para o público externo, investidores e credores, feita conforme princípios e práticas, isto é, conforme as normas brasileiras de Contabilidade em linha com as normas internacionais IFRS; e a fiscal (ou tributária) – para os governos (*figura 6*).

*Figura 6 – Área da Contabilidade Ambiental (em cinza) entre as Contabilidades*

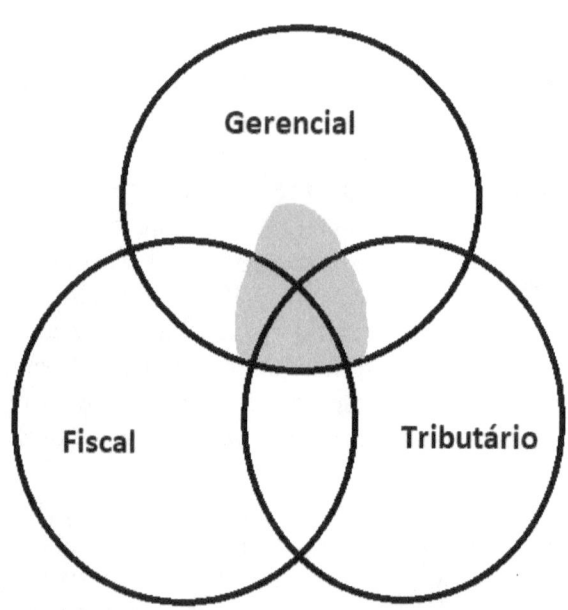

A primeira norma contábil com conteúdo ambiental veio a lume na esteira da Eco 92. Por iniciativa do Instituto dos Auditores Independentes do Brasil (Ibracon), em 1996 foi editada a Norma e Procedimento de Auditoria NPA 11 "Balanço e Ecologia" (revogada em 2011) que estabelecia "os liames entre a contabilidade e o meio ambiente" e recomendava que as demonstrações contábeis e relatórios de administração contivessem informações de natureza ecológica, como o "Ecobalanço" e atenção especial aos passivos ambientais.

Na difícil tarefa de <u>classificação</u>, ao adaptar as definições da NBC TG "Estrutura Conceitual", seriam <u>ativos ambientais</u>, os recursos controlados decorrentes de decisões passadas e para os quais se espera que fluam futuros benefícios "e que tenham por finalidade, o controle, preservação e recuperação do meio ambiente" (Ribeiro *apud* Braga, 2007), ou "em consequência de prevenção, recuperação, monitoramento e reciclagem" (Braga, 2007) com devida pormenorização de natureza e finalidade em notas explicativas (Ribeiro, 2005a).

Os ativos ambientais não se confundem com ativos biológicos como plantações ou criações, mesmo quando são árvores ou animais não domésticos por fazerem parte da própria atividade da empresa que os detém e para os quais as normas NBC TG 27R4 "Ativo Imobilizado" e NBC TG 29R2 "Ativo Biológico e Produto Agrícola" trazem as seguintes definições:

1) Planta portadora, ativo imobilizado, p. exemplo seringueira, palmeira de dendê, etc., é uma planta viva que:
   a) é utilizada na produção ou no fornecimento de produtos agrícolas;
   b) é cultivada para produzir frutos por mais de um período;
   c) tem uma probabilidade remota de ser vendida como produto agrícola, exceto para eventual venda como sucata (*sic*), após corte e venda como lenha;
2) [portanto] não são plantas portadoras:
   a) plantas cultivadas para serem colhidas como produto agrícola (por exemplo: árvores cultivadas para o uso como madeira);
   b) plantas cultivadas para a produção de produtos agrícolas, quando há a possibilidade maior do que remota de que também vai se colher e vender a planta como produto agrícola, exceto as vendas de sucata como incidentais (por exemplo: árvores que são cultivadas por seus frutos e sua madeira), e;
   c) culturas anuais (por exemplo: milho e trigo);
3) Atividade agrícola é o gerenciamento da transformação biológica e da colheita de ativos biológicos para venda ou para conversão em produtos agrícolas ou em ativos biológicos adicionais, como por exemplo: aumento de rebanhos, silvicultura, colheita anual ou constante, cultivo de pomares e de plantações, floricultura e cultura aquática;
4) Produção agrícola é o produto colhido de ativo biológico;
5) Ativo biológico é um animal e/ou uma planta, vivos;
6) Transformação biológica compreende o crescimento (aumento em quantidade ou melhoria na qualidade do animal ou planta), degeneração (redução na quantidade ou deterioração na qualidade de animal ou planta), produção de produtos agrícolas (árvores abatidas, látex, folhas de chá, lã, leite)[19] e procriação (geração adicional de animais ou plantas) que causam mudanças qualitativa e quantitativa no ativo biológico;

---

[19] Produtos agrícolas após processamento resultam em novos produtos, p. exemplo: toras, madeira serrada, borracha, chá, fios, roupas, queijo, requeijão, etc.

7) Colheita é a extração do produto de ativo biológico ou a cessação da vida desse ativo biológico.

Estabelecidos os limites, os ativos ambientais mais frequentemente vistos são:

a) Caixa, equivalentes e investimentos com restrições: contas bloqueadas por decisão judicial em processo judicial decorrente de dano ambiental, expressão muito usada, embora não definida em norma contábil e que pode ser entendida como alterações nocivas ao meio ambiente como à saúde e interesses da população, como poluição sob várias formas (Leite *apud* Carvalho, 2008; *as definições legais de poluição, degradação, impacto ambiental, etc. encontram-se no Capítulo 3*);

b) Aplicações financeiras: fundos ou equivalentes especialmente constituídos para suportar gastos ambientais futuros;

c) Contas a receber: valores de vendas a prazo de produtos ou serviços ambientais;

d) Depósitos judiciais: saldos de contas judiciais transferidos de contas bloqueadas em processo judicial decorrente de dano ambiental e/ou voluntária ou compulsoriamente depositados em processo judicial decorrente de dano ambiental;

e) Créditos de carbono[20]: direitos de reduções certificadas de emissões (RCEs) ou de créditos de descarbonização (CBios);

f) Estoques: insumos ambientais[21], subprodutos e embalagens a reciclar/reciclados, mão-de-obra indireta, e outros custos indiretos ambientais;

g) Investimentos: florestas ou reflorestamos com o propósito de preservação privada;

---

[20] A meta para redução de emissão de GEE (gases do efeito estufa, responsáveis pelo aquecimento global) para os países industrializados surgiu a partir do Protocolo de Quioto (1997), com posteriores revisões. O dióxido de carbono ($CO_2$) é o principal, mas não o único. Os demais são convertidos em equivalentes de dióxido de carbono ($eCO_2$). Quando uma empresa reduz sua emissão por meio de um projeto denominado mecanismo de desenvolvimento limpo (MDL), o qual, após aprovação pelas autoridades, recebe em troca RCE na proporção 1 crédito para cada 1 tonelada a menos, que pode ser negociado no mercado, vendido ou doado diretamente a empresas que não conseguem atingir suas metas de redução. Numa análise provisória que perdura, a CVM decidiu que "os créditos de carbono não são valores mobiliários, mas sim meros ativos" (Reunião do Colegiado 25/2009).

[21] Adicionados ao processo produtivo para eliminar, reduzir ou controlar o nível de emissão de resíduos (Ribeiro, 2005a) mais materiais para descontaminação e recuperação de ambientes afetados pela ação da empresa.

h) Imobilizados: equipamentos destinados à diminuição de impactos ambientais, preservação, proteção, recuperação e controle;

i) Intangíveis: marcas, patentes e certificações ambientais (outras que não RCE/CBios).

A NBC TG 27R4 "Ativo Imobilizado" estipula que a estimativa com custos de descomissionamento, como desmontagem e retirada de item do imobilizado faz parte de seu custo inicial, bem como custos incorridos durante os anos de funcionamento e não relacionados à produção.

Custos de descomissionamento também fazem parte do custo inicial de "ativos de direito" tratados pela NBC TG 6R3 "Operações de Arrendamento Mercantil", enquanto que a NBC TG 25R2 "Provisões, Passivos Contingentes e Ativos Contingentes" contém requisitos de como mensurar respectivos passivos.

No longo prazo, podem ocorrer eventos abaixo indicados, que mudam a mensuração:

a) mudança no fluxo de saída estimado de recursos que incorporam benefícios econômicos (por exemplo, fluxos de caixa) necessários para liquidar a obrigação;

b) mudança na taxa de desconto corrente baseada em mercado[22], inclusive mudanças no valor temporal do dinheiro e os riscos específicos do passivo, e;

c) aumento que reflete a passagem do tempo (também referido como a reversão ou desfazimento do desconto, *unwinding of the discount*).

Apesar do título, a norma ITG 12 "Mudanças em Passivos por Desativação, Restauração e Outros Passivos Similares", trata de reflexos contábeis tanto nos passivos quanto nos ativos.

A interpretação técnica fornece orientação sobre como contabilizar o efeito das mudanças (ajustes) na mensuração dos passivos por desativação de uma fábrica, restauração deste local, reabilitação de danos ambientais em indústrias extrativas ou remoção de equipamentos e outros passivos similares no respectivo ativo, seja quando este for mensurado pelo método de custo ou pelo método de reavaliação[23].

---

[22] Para provisões submetidas a ajuste a valor presente (AVP), como são os casos de desativação, e quando o efeito for material. A taxa a descontar deve ser a bruta (antes da tributação), de mercado, para prazos e riscos específicos equivalentes. A taxa não deve refletir riscos aos quais as estimativas de fluxos de caixa futuros tenham sido ajustadas (Bueno, 2014).

[23] A Lei 11.638/2007 vedou a reavaliação de ativos no Brasil.

Segundo o método de custo, todas as mudanças ou ajustes na provisão para descomissionamento ou para custos de desativação que não àquelas de reversão do desconto – reconhecidas no resultado como custo (na realidade despesa) de financiamento à medida que ocorrer[24] – são adicionadas ao ou deduzidas do custo do respectivo ativo em seu período, até o limite de seu saldo depois da depreciação do período, no caso das deduções, já que um ativo não deve ter saldo negativo (credor).

Eventual excesso de dedução será descarregado no resultado, costumeiramente como perda.

Nas adições ao custo do ativo, por sua vez, há de se considerar e testar a aplicação da redução ao valor recuperável (RVR) ou *impairment* de acordo com a NBC TG 1R4 "Redução ao Valor Recuperável de Ativos".

Apesar da norma não listar todas as formas de abandono de plantas e instalações (industriais ou não), às vezes referidas como *brownfields* (campos marrons, em referência às instalações e facilidades de ferro e aço com muitos anos de uso)[25], recomenda-se a interpretação ampla, inclusive aquelas subutilizadas ou que contam apenas com serviços de zeladoria em que haja contaminação de solo, subsolo ou água subterrânea.

Não raro, a revitalização, modernização (*retrofit*) ou recapacitação (*revamp*) envolve tecnologias de remediação química e/ou biológica dispendiosas que não superam uma análise custo x benefício, daí o abandono.

A propósito, em se considerando os custos de descomissionamento como consequência de produção, as normas NBC TG 27R4, NBC TG 16R2 e ITG 12 determinam que seu respectivo custo será incluído no custo de produção do período (estoque de produtos acabados) e levado a resultado na venda (como custo do produto vendido – CPV) ou imediatamente despesado no resultado, se anormal.

Algumas vezes a empresa voluntariamente ou por exigência legal ou contratual constitui e contribui para fundos de desativação de fábricas e/ou equipamentos (p. ex. frota de veículos), restauração de solo contaminado e reabilitação ambiental (p. ex. despoluição de córregos).

---

[24] A capitalização ou ativação do custo financeiro da reversão do desconto como prevista na NBC TG 20 "Custos de Empréstimos" não é permitida.

[25] Quando se trata de readequação, renovação, recuperação (*recovery*) ou redirecionamento de uso (*redevelopment*) de instalações e facilidades obsoletas, datadas, moribundas, mas ainda em funcionamento, aplica-se o termo *greyfield* (campo cinza, em referência ao concreto e asfalto deteriorado, vazio). Por fim, utiliza-se *greenfield* (campo verde, em lugares onde havia apenas mato) para instalações e facilidades novas, do zero, do princípio (*from scratch*).

Esses fundos podem ser estabelecidos por um único contribuinte (empresa) para custear suas próprias obrigações por desativação, ou estabelecidos com múltiplos contribuintes para custear suas obrigações individuais ou conjuntas por desativação.

Podem ser administrados separadamente por depositários independentes (banco, corretora ou *asset*). As contribuições são investidas em instrumentos financeiros para fazer frente às futuras desativações ou restaurações, podendo eventualmente, haver reembolsos ou excedentes.

Quando o fundo possuir ativos administrados separadamente (por serem mantidos em pessoa jurídica separada ou como ativos segregados dentro de outra entidade) e o direito da empresa contribuinte de acessar os ativos for restrito, aplicam-se os termos da ITG 13R2 "Direitos a Participações Decorrentes de Fundos de Desativação, Restauração e Reabilitação Ambiental" para sua contabilização.

Por outro lado, se houver direito à participação residual quando toda a desativação tiver sido concluída ou na liquidação do fundo, este direito está fora do alcance desta norma por ser um instrumento ou título patrimonial dentro do alcance da NBC TG 48 "Instrumentos Financeiros" (Bueno, 2014).

Logo, sua participação no fundo é reconhecida separadamente. Ao avaliar se possui controle, controle conjunto ou influência significativa sobre o fundo, a empresa contribuinte deve contabilizar sua participação no fundo de acordo com as normas NBC TG 18R3 "Investimento em Coligada, em Controlada e em Empreendimento Controlado em Conjunto", NBC TG 19R2 "Negócios em Conjunto" e NBC TG 36R3 "Demonstrações Consolidadas", caso contrário, seu direito de receber reembolso será contabilizado de acordo com a NBC TG 25R2 "Provisões, Passivos Contingentes e Ativos Contingentes".

Esse reembolso deve ser mensurado pelo menor entre:

a) o valor da obrigação por desativação reconhecida e;

b) a parcela do contribuinte no valor justo dos ativos líquidos do fundo atribuíveis aos contribuintes.

As mudanças no valor contábil do direito de receber reembolso devem ser reconhecidas no resultado no período em que essas mudanças ocorrerem.

Quando a empresa contribuinte tem obrigação de fazer contribuições adicionais potenciais, como, por exemplo, no caso da falência de outro contribuinte ou se o valor dos ativos de investimento mantidos pelo fundo diminuir a um nível que seja insuficiente para cumprir as obrigações de reembolso do fundo, essa obrigação é considerada passivo contingente, que está dentro do alcance da mencionada NBC TG 25R2. A empresa contribuinte deve reconhecer um passivo somente se for provável que as contribuições adicionais serão feitas.

Como mencionado, a regra é que a empresa contribuinte reconheça sua obrigação de pagar gastos de desativação como passivo, exceto quando não for responsável por pagar os gastos de desativação mesmo se o fundo deixar de pagar.

Por fim, quando uma empresa adquire itens acessórios de um ativo imobilizado por razões ambientais, embora este não incremente diretamente o fluxo de benefícios econômicos futuros do imobilizado já existente, são reconhecidos como parte deste por ser necessário para que se obtenha benefícios econômicos de outros ativos que de modo não obteria, ocasião em que devem ter a redução ao valor recuperável (RVR) ou *impairment* revisada (NBC TG 27R4 "Ativo Imobilizado").

A propósito, existe uma norma internacional de contabilidade ainda não vigente no Brasil, IFRS 6 *Exploration for and Evaluation of Mineral Resources* que, como o título indica, trata de políticas contábeis de reconhecimento para exploração e avaliação de recursos minerais, inclusive diretrizes específicas para RVR. O CPC chegou a colocá-lo em audiência pública em 2009, mas decidiu por não emitir o CPC 34 com a justificativa de que referida norma encontrava-se em processo de revisão.

Por analogia, são <u>passivos ambientais</u> as obrigações, também decorrentes de decisões passadas, cuja liquidação se espera saída de recursos, tais como exigibilidades e indenizações ambientais a pagar.

Para o ISAR, passivos são obrigações presentes de eventos passados cuja liquidação resulta em saída de recursos, enquanto que passivos contingentes são obrigações potenciais de eventos passados existentes na data de balanço mas cujas saídas de recursos somente se confirmarão na ocorrência ou não de um ou mais eventos futuros incertos, fora do controle da empresa (ONU, 1998).

Devido à falta de padronização, alguns incluem fornecedores de insumos, equipamentos, treinamentos, consultorias ambientais e afins, assim como empréstimos e financiamentos destinados a metas e objetivos ambientais.

Segundo a NBC TG 25R2 "Provisões, Passivos Contingentes e Ativos Contingentes", provisões são passivos de prazo e/ou valor incertos. Como estão associadas a autuações, contaminações e desastres, as provisões passivas são aspectos contábeis cada vez mais frequentes e significativos e que mais atrai interesse do público.

Não à toa, trata-se de uma das poucas situações que as normas internacionais de contabilidade financeira (IFRS) avançam sobre o aspecto ambiental. Assim, quando se tratar de obrigações que surgem de eventos passados que existam independentemente de ações futuras, como "penalidades ou os custos de limpeza de danos ambientais ilegais[26]" ou similarmente, "descontinuidade de poço de petróleo ou de central elétrica nuclear na medida em que a entidade é obrigada a retificar danos já causados", a NBC TG 25R2 impõe o reconhecimento de provisões passivas ambientais.

Para se esquivar de tais passivos, há empresas que, sob o pretexto de alterar seu modo de operar (ações pró-ambientais), por exemplo, instalando uma estação para tratamento de efluentes, sustentam estar evitando gastos ambientais futuros, não existindo nenhuma obrigação no presente relativamente a um potencial gasto futuro de dano que ainda não ocorreu, de modo que nenhuma provisão é reconhecida, o que muitas vezes acaba sendo evidente exagero.

Do mesmo modo que ativos ocultos, ambientais ou não, os passivos ocultos resultam numa posição contábil-econômica-financeira que não seria acurada e com o agravante de que passivos ocultos geram resultados indevidos aos sócios e acionistas, diferindo impactos financeiros negativos para o futuro.

Isso não significa ser incorreta a divulgação em notas explicativas de passivos ambientais que não possam ser medidos confiavelmente[27].

Em decorrência da Diretiva da União Europeia sobre Resíduos de Equipamentos Elétricos e Eletroeletrônicos, que regulamentou naquela zona, a coleta, o tratamento, a recuperação e o descarte ambiental de resíduos sólidos de equipamentos elétricos e eletroeletrônicos – uma verdadeira praga dos tempos atuais – levantou-se questões sobre quando o passivo pela desativação deve ser reconhecido.

---

[26] Mesmo quando não houver obrigação de remediação, mas a empresa possui comprometimento, do tipo SGA, em promover a limpeza e/ou descontaminação.
[27] Uma metodologia de estimação de passivo ambiental por ser encontrada em Ribeiro *et al* (2006).

Como empresas brasileiras que têm investimentos societários naquela região precisam aplicá-la, e suas investidoras no Brasil precisam reconhecer seus efeitos para fins de equivalência patrimonial e consolidação das demonstrações contábeis, foi editada a ITG 15 "Passivo Decorrente de Participação em Mercado Específico – Resíduos de Equipamentos Eletroeletrônicos".

A Diretiva distingue entre resíduos "novos" e "históricos" e entre resíduos provenientes de residências privadas e resíduos de fontes diferentes de residências privadas. Resíduos novos estão relacionados a produtos vendidos após 13/08/2005. Todos os equipamentos residenciais vendidos antes dessa data são considerados como originários de resíduos históricos, para as finalidades da Diretiva.

Tomando como base a NBC TG 25R2, um "evento que cria obrigação" é um evento passado que cria uma obrigação presente, para o qual a empresa não tenha alternativa realista senão liquidar a obrigação criada pelo evento e que as provisões passivas devem ser reconhecidas apenas para "obrigações que surgem de eventos passados que existam independentemente de ações futuras".

Assim, como uma empresa pode evitar acidentes ambientais por suas ações no presente, como p. ex. operar de modo sustentável, não tem nenhuma obrigação presente relativamente a esse gasto futuro e nenhuma provisão deve ser reconhecida, afinal, "as demonstrações contábeis tratam da posição financeira da entidade no fim do seu período de divulgação e não da sua possível posição no futuro. Por isso, nenhuma provisão é reconhecida para despesas que necessitam ser incorridas para operar no futuro. Os únicos passivos reconhecidos no balanço da entidade são os que já existem na data do balanço" (ITG 15).

A regra europeia afirma que o custo de gerenciamento de resíduos para equipamentos residenciais históricos deve ser suportado pelos fabricantes desse tipo de equipamento que estiverem no mercado durante um período a ser especificado na legislação aplicável de cada país-membro (período de mensuração). A Diretiva declara que cada país-membro estabelecerá um mecanismo para que os fabricantes contribuam com os custos de forma proporcional, "ou seja, na proporção de sua respectiva participação de mercado por tipo de equipamento".

A posição da ITG 15 é que "a participação no mercado durante o período de mensuração é o fato gerador da obrigação", de acordo com o parágrafo 14(a) da NBC TG 25R2[28]. Consequentemente, "o passivo por custos de gerenciamento de resíduos para equipamentos domésticos históricos não surge quando os produtos são fabricados ou vendidos. Como a obrigação por equipamentos domésticos históricos está vinculada à participação no mercado durante o período de mensuração e, não, à produção ou venda dos itens a serem alienados, não há nenhuma obrigação, exceto e até que exista uma participação de mercado durante o período de mensuração. A época do fato gerador também pode ser independente do período específico no qual as atividades para realizar o gerenciamento de resíduos são empreendidas e os custos relacionados incorridos".

Por sua vez, tem-se então como <u>patrimônio líquido ambiental,</u> o interesse residual nos ativos ambientais após dedução dos passivos ambientais acrescido do resultado ambiental do exercício (receitas menos despesas).

Embora haja controvérsia entre autores, vale mencionar que, existindo a perspectiva de diminuição dos lucros em exercícios futuros pode ser proposta e criada para empresas regidas pela Lei das Sociedades Anônimas (LSA, 6.404/1976) um tipo de reserva de lucros denominada Reserva para Contingências, no caso, ambientais como secas ou inundações.

Grosso modo, provisões dispensam a existência de recursos e afetam o resultado, enquanto que reservas, uma vez apurado o resultado e sendo positivo, ou seja, lucro, parte deste montante, *em teoria*, pode ser destinado para Reservas para Contingências, observadas as condições legais do art. 195 da LSA, inclusive a obrigatoriedade de reversão quando de efetivada a diminuição do lucro (perda) ou deixarem de existir as razões para sua constituição de modo a não haver retenções abusivas de lucros, normalmente em desfavor de sócios minoritários.

Há também a possibilidade do recebimento de doações e subvenções governamentais de cunho ambiental[29], as quais quando registradas noutra espécie de reserva de lucros denominada Reserva de Incentivos Fiscais (art. 195-A da LSA), podem ser excluídas da base de cálculo do IRPJ e CSLL (art. 523 do Regulamento do Imposto de Renda – RIR, instituído pelo Decreto 9.580/2018).

---

[28] Uma provisão deve ser reconhecida quando a empresa tem uma obrigação presente (legal ou não formalizada) como resultado de evento passado.

[29] Usualmente subvenções para investimentos são recursos públicos destinados a projetos de expansão de atividade econômica e geração de empregos, enquanto subvenções correntes destinam-se ao custeio das atividades (despesas).

Estas reservas somente podem ser utilizadas para aumento do capital social ou para absorção de prejuízos (desde que as demais reservas de lucros já tenham sido absorvidas à exceção da Reserva Legal). Se utilizadas para outro fim (por exemplo, distribuição de dividendos ou aumento de capital e posterior redução ou restituição), serão levadas à tributação.

Adentrando o Resultado, temos que receitas ambientais são aumentos nos benefícios econômicos de origem ambiental no exercício ou período, como entrada de recursos ou aumento de ativos ou redução de passivos que resultam em crescimento do patrimônio líquido não relacionados a aportes dos sócios.

Vendas de sucata, subprodutos e itens reciclados são os mais comuns embora não sejam os únicos. Braga (2007) defende a inclusão de venda de energia de fontes consideradas limpas, como a eólica e projetos de eficiência energética, enquanto a Comissão das Nações Unidas para o Desenvolvimento Sustentável (CSD), adiciona a venda de resíduos e subsídios (ONU, 2001). Quando extraordinários, incontroláveis, incomuns são também chamados de ganhos.

Por seu turno, são despesas ambientais as reduções nos benefícios econômicos de origem ambiental no exercício ou período, como saída de recursos ou redução de ativos ou assunção de passivos que resultam em decrescimento do patrimônio líquido não relacionados a distribuições aos sócios. Contemplam amplo leque: de salários do pessoal envolvido com a gestão ambiental a treinamentos e auditorias, mais gastos com pesquisa e desenvolvimento e regulamentação. Quando extraordinários, incontroláveis, incomuns são também chamados de perdas. Algumas empresas incluem multas e penalidades como tais.

Para a Associação de Engenheiros Alemães (VDI em alemão, *apud* ONU, 2001) que as denominam despesas de salvaguarda ambiental, compreendem todas as despesas em medidas de proteção ambiental de uma empresa ou sob sua responsabilidade para prevenir, reduzir, controlar e documentar os aspectos ambientais, impactes e riscos, assim como a deposição final, tratamento, saneamento e descontaminação.

Embora muitos considerem como item ou elemento à parte, segundo a NBC TG "Estrutura Conceitual", perdas também representam decréscimos nos benefícios econômicos, por isso são consideradas tipos de despesas que são geralmente apresentadas separadamente nas demonstrações de resultado.

As perdas mais preocupantes depois das vidas e do bioma, como os danos à imagem da empresa, não são capturados pela contabilidade financeira.

Custos associados à geração de receitas ambientais quando lançados no Resultado também fazem parte. Para o ISAR, custos ambientais compreendem medidas tomadas ou que devem ser tomadas para gerir impactos ambientais bem como outros custos direcionados por objetivos e exigências ambientais, tais como: descarte, eliminação e redução de resíduos, preservação e melhorias ambientais, limpezas, remoção ou substituição de insumos tóxicos, pesquisas, inspeções e auditorias (ONU, 1998).

Para Braga (2011), a maior divergência está na classificação como custos de multas, penalidades e compensações a terceiros como custos.

Ribeiro (2005a) amplia o escopo para além dos custos relativos ao meio ambiente, incluindo eventos que de uma forma contribuem para a realização de atividades ambientais, tais como:

- Depreciação, amortização e exaustão de ativos ambientais;
- Aquisição de insumos para controle, redução ou eliminação de poluentes;
- Tratamento de resíduos;
- Disposição de resíduos poluentes;
- Tratamentos de recuperação e/ou restauração de áreas contaminadas;
- Mão-de-obra aplicada em controle, preservação ou recuperação do meio ambiente.

A exemplo do que se aplica aos denominados custos da qualidade, algumas empresas classificam os custos ambientais (na realidade gastos) em:

a) prevenção: mantém ou reduz os riscos ambientais;
b) avaliação/inspeção: determinação de grau de conformidade com normas ambientais;
c) falhas internas: acidentes detectados internamente, antes de atingir o meio ambiente;
d) falhas externas: acidentes detectados externamente, após de atingir o meio ambiente.

Os dois primeiros referem-se ao controle e os demais às falhas de controle, reprocessamentos, tratamentos de ambientes contaminados e afins, uso de insumos impróprios, *recalls*, etc.

Muitas vezes predomina a atecnia, tratando gastos (gênero) para se perseguir a sustentabilidade mais aqueles decorrentes de falhas de controle (reparações, indenizações, etc.) como custos ambientais (espécie).

A CSD (ONU, 2001) atenta para a grande variedade de custos, a depender da abordagem conferida: custos de deposição (por exemplo, descarte de resíduos), de investimentos e até mesmo externos (aqueles incorridos fora da empresa, não suportados pelo poluidor, mas principalmente pela sociedade).

Citando novamente a VDI (ONU, 2001), os custos ambientais compreenderiam não somente os internos mas também os externos, incluindo prevenção, deposição de resíduos, planejamento, controle, reparações de danos e saúde. Para os custos externos caberia aos governos aplicar instrumentos políticos como tributação e regulação.

Numa perspectiva histórica, haveria quatro blocos de categorias de custos. O primeiro, corresponde à definição convencional de custos ambientais compreendendo todos os custos de tratamento (de emissões e resíduos), deposição e remediação, incluindo os materiais relacionados com o trabalho e manutenção, seguros e as provisões para responsabilidade ambiental (*idem*).

O segundo bloco, prevenção e gestão ambiental, inerentes a um SGA, é formado por custos de trabalho e serviços externos em boas práticas, adoção de tecnologias mais limpas e compras de matérias secundárias e auxiliares ambientalmente amigáveis, quando significativas. Gastos com pesquisa e desenvolvimento (P&D) de projetos sustentáveis também fazem parte. Economias de custos resultantes de boas práticas não são apuradas.

Considerando-se três fatores clássicos de produção: materiais, trabalho e capital (depreciação e custo de financiamento), os blocos seguintes tratam do desperdício sob a forma de emissões e resíduos do que seria um modelo de produção ineficiente.

Assim, o próximo bloco trata dos materiais desperdiçados por seus valores de compra (ou valores de consumo). Toda saída (*output*) de não-produto é quantificado pelo balanço de massas. Seus custos são apurados *pro rata* dos custos de produção. A comissão afirma que os materiais residuais são "determinados com maior precisão" (*sic*) e imputados aos centros e direcionadores de custos pelos métodos de custeio ABC e MFCA (*tratado no Capítulo 10*), "mas diferentemente avaliados".

O último bloco se refere aos custos externos, incorridos fora da empresa, suportados pela sociedade, relevantes para custo do ciclo de vida do produto muito usado em *marketing*, mas desconsiderados na CGA.

Uma vez classificados, reconhecidos e mensurados, sob o aspecto escrituração, Carvalho (2008) defende a segregação de contas contábeis para eventos ou fatos ambientais, o que na sua opinião poderia facilitar o levantamento de informações.

Em oposição, tem-se a integração de contas como defende o Relato Integrado (*Capítulo 13*) e que não se trata de uma nova proposição para lançamentos contábeis com o fim de gerar relatórios. Nos anos 1970 era denominada integração de funções (Leone, 1996).

Inobstante todo o esforço em municiar os contadores de ferramentas que permitam exercer seu ofício com enfoque mais ambiental, indubitavelmente a atenção maior se dá na abordagem divulgação ou evidenciação da Contabilidade, por ser o elo de comunicação com os diversos públicos e grupos de interesse por meio das demonstrações contábeis.

Uma vez que as demonstrações contábeis usualmente apresentam saldos sintéticos, agrupados, e não discriminados, analíticos, parte da carga de itens ambientais a divulgar recai sobre as notas explicativas, onde são pormenorizadas natureza e finalidade de ativos, passivos, receitas e despesas ambientais.

Ademais, como escrito, também neste complemento das demonstrações contábeis são evidenciados ativos, passivos, receitas ou despesas ambientais impossíveis de serem mensurados objetivamente.

Aliás, as Nações Unidas já se pronunciaram há mais de 20 anos quanto à importância da divulgação (*disclosure*) de custos e passivos ambientais em notas explicativas[30] ou outro relatório, observadas a materialidade em valor e natureza, por melhorar a transparência de elementos do Balanço Patrimonial e Demonstração do Resultado (ONU, 1998).

Neste contexto, devem ser evidenciados custos ambientais puros, totais e exclusivos, bem como aqueles parcialmente ambientais, cujos tipos incluem mas não se resumem àqueles elencados anteriormente.

Multas ou outras penalidades aplicadas pelas autoridades, bem como indenizações, reparações, ressarcimentos e restituições devidos a terceiros, os quais não trazem nenhum benefício ou retorno à empresa, devem ser evidenciados em separado.

Além de apresentar em separado, as Nações Unidas recomendam que a empresa evidencie a natureza, prazos, termos e bases de mensuração de passivos ambientais (*idem*). Sendo mensurados pelo valor presente, também a divulgação das premissas para o cálculo (valor corrente, custos futuros, estimativa de inflação e taxa de desconto).

---

[30] Aliás, qualquer política contábil que trate especificamente de itens ambientais deve ser exposta.

Caso a empresa contribua com fundo para desativação ou reparação ambiental, a ITG 13R2 requer que a empresa contribuinte divulgue a natureza de sua participação no fundo e quaisquer restrições sobre o acesso aos ativos no fundo.

Quando a empresa contribuinte tiver obrigação de fazer contribuições adicionais potenciais que não sejam reconhecidas como passivo (p. explo. porque não é provável), deve fazer as divulgações normais requeridas para passivo contingente pela NBC TG 25R2[31].

Se, por outro lado, tiver direito a reembolso do fundo, deve divulgar o valor esperado e declarar o saldo de qualquer ativo eventualmente reconhecido.

Outra exigência específica ocorre quando uma empresa prepara sua emissão de valores mobiliários como ações, debêntures e *units* em bolsas ou mercados equivalentes, os tais IPOs da abreviação em inglês.

A depender da categoria da emissão, a Instrução CVM 480/2009 e o Ofício-circular CVM/SEP 2/2018 requerem as seguintes informações de natureza ambiental:

a)   a inclusão de questões socioambientais dentre os fatores de risco que possam influenciar a decisão de investimento para potenciais investidores;

b)   política ambiental do emissor e custos incorridos para o cumprimento da regulação ambiental e, se for o caso, de outras práticas ambientais, inclusive a adesão a padrões internacionais de proteção ambiental;

c)   em relação a políticas socioambientais:

i) se o emissor divulga informações como relatório de sustentabilidade (se não, explique);

ii) a metodologia seguida na elaboração dessas informações;

iii) se essas informações são auditadas ou revisadas por entidade independente;

iv) a página na rede mundial de computadores onde podem ser encontradas essas informações;

---

[31] "Obrigação possível que resulta de eventos passados e cuja existência será confirmada apenas pela ocorrência ou não de um ou mais eventos futuros incertos não totalmente sob controle da entidade; ou uma obrigação presente que resulta de eventos passados, mas que não é reconhecida porque: (i) não é provável que uma saída de recursos que incorporam benefícios econômicos seja exigida para liquidar a obrigação; ou (ii) o valor da obrigação não pode ser mensurado com suficiente confiabilidade".

d)     dentre comentários dos diretores: estimativas contábeis, que exijam julgamentos subjetivos ou complexos e custos de recuperação ambiental;

e)     em relação aos princípios do Código Brasileiro de Governança Corporativa - Companhias Abertas:

   i)  "o diretor-presidente e a diretoria devem ser avaliados com base em metas de desempenho, financeiras e não financeiras (incluindo aspectos ambientais, sociais e de governança), alinhadas com os valores e os princípios éticos da companhia";

   ii) "a administração deve zelar para que os administradores e outros colaboradores compreendam, de forma clara e objetiva, os princípios e regras sobre contribuições e doações de valores ou bens a projetos filantrópicos, culturais, sociais, ambientais ou a atividades políticas".

Independentemente da forma jurídica da sociedade, desde 2006 a norma NBC T15 "Informações de Natureza Social e Ambiental" trata da divulgação mínima de informações socioambientais, dentre as quais:

a)     investimentos e gastos com manutenção nos processos operacionais para a melhoria do meio ambiente;

b)     investimentos e gastos com a preservação e/ou recuperação de ambientes degradados;

c)     investimentos e gastos com a educação ambiental para empregados, terceirizados, autônomos e administradores da entidade;

d)     investimentos e gastos com educação ambiental para a comunidade;

e)     investimentos e gastos com outros projetos ambientais;

f)     quantidade de processos ambientais, administrativos e judiciais movidos contra a entidade;

g)     valor das multas e das indenizações relativas à matéria ambiental, determinadas administrativa e/ou judicialmente;

h)     passivos e contingências ambientais.

Além disso, ficou estipulado que a responsabilidade técnica pela elaboração de demonstrações que contenham informações de natureza social e ambiental, é de responsabilidade técnica de profissional de Contabilidade, devendo ser indicadas as fontes de dados não contábeis e, como toda demonstração, ser revisada por auditor (*Capítulo 14*).

# 8. ISAR/UNCTAD/ONU

Desde o fim da década de 1980 o ISAR passou a considerar a inclusão da contabilidade ambiental nas demonstrações contábeis tendo como base normas da época ISO e IFRS (então denominadas IAS)[32], adaptando-se princípio amplamente difundido em Finanças de criação de valor na empresa para seus proprietários ou acionistas. Assim, num ambiente sustentável, concomitante à adição de valor, os gestores deveriam perseguir a melhora contínua da ecoeficiência pela redução do impacto ambiental.

Inicialmente, a colaboração do ISAR veio na forma de definições de itens ambientais para fins contábeis e sua evidenciação nas demonstrações tradicionais e usualmente obrigatórias tendo como base o princípio de que sua finalidade é prover informações úteis a grande número de usuários e necessárias à prestação de contas de como os recursos (incluindo os ambientais) são administrados. Posteriormente, se expandiu na promoção de relatório de indicadores de ecoeficiência cujo manual veio a lume em 2004.

Conforme antecipado no Capítulo 5, as recomendações de evidenciação ambiental das Nações Unidas (1997) para as demonstrações contábeis são apresentadas na tabela 2 a seguir:

*Tabela 2 – Recomendações de Evidenciação nas Demonstrações Contábeis-Financeiras*

| Demonstração | Evidenciação Ambiental Recomendada |
|---|---|
| Relatório do Presidente (da Administração) | • Compromisso com a melhoria contínua.<br>• Melhorias significativas nos últimos exercícios |
| Relatório por Segmento de Negócios | • Dados de desempenho segmentado.<br>• Melhorias nas áreas-chave nos últimos exercícios. |
| Relatório Ambiental | • Abrangência das informações.<br>• Demonstração da política ambiental.<br>• Extensão de conformidade |

---

[32] Principalmente as atuais NBR ISO 14000 e NBC TG Estrutura Conceitual.

| | |
|---|---|
| | <ul><li>mundial.</li><li>Questões relevantes.</li><li>Responsabilidade Organizacional.</li><li>Descrição do sistema de gerenciamento e padrões internacionais, por exemplo, ICC, ISO, EMAS.</li><li>Dados de desempenho por segmento: consumo de material, energia, emissões de efluentes e destino dos resíduos.</li><li>Dados específicos do setor, inclusive indicadores de desempenho.</li><li>Dados financeiros de natureza (energia, resíduos, recuperação, pessoal utilizado, penalidades, investimentos etc.)</li><li>Estimativa das economias e benefícios dos investimentos, em termos financeiros.</li><li>Referências cruzadas com outros relatórios.</li><li>Relatório de auditoria independente.</li></ul> |
| Relatórios Financeiros e Operacionais | <ul><li>Questões relevantes de curto e médio prazo e plano para tratar tais questões.</li><li>Progresso nas mudanças de tratamento requeridas por lei.</li><li>Níveis atual e projetado de gastos.</li><li>Pendências legais.</li></ul> |
| Relatório da Diretoria | <ul><li>Demonstração da política.</li></ul> |
| Evidenciação de Políticas (Contábeis) | <ul><li>Estimativa de provisões e contingências.</li><li>Políticas de:</li><li>-classificação como ativos;</li></ul> |

| | <ul><li>-reconhecimento da perda de potencial de serviços (*impairment*);</li><li>-recuperação de áreas contaminadas;</li><li>-depreciação.</li></ul> |
| --- | --- |

Além das recomendações de evidenciação, outra preocupação é com a ecoeficiência, medida por meio de indicadores, isto é, razões, rácios ou taxas entre variáveis ambientais e varáveis contábil-econômico-financeiras.

Segundo a definição do Conselho Empresarial Mundial para o Desenvolvimento Sustentável (WBSCD *apud* ONU, 2004), a ecoeficiência pode ser alcançada pelo fornecimento competitivo de bens e serviços que satisfaçam às necessidades humanas e tragam qualidade de vida, com redução progressiva de impactos ambientais e consumo de recursos naturais.

O guia das Nações Unidas visa simultaneamente:

a) utilizar-se das demonstrações contábeis tradicionais para divulgar e também definir, reconhecer e mensurar informações de cunho ambiental;

b) padronizar indicadores de ecoeficiência;

c) complementar informações já produzidas e reportadas no Relatório de Sustentabilidade GRI (*Capítulo 12*).

Baseados em acordos internacionais estabelecidos até então, os indicadores de ecoeficiência abordam o tratamento contábil para 5 temas:

i) uso da água;

ii) uso de energia;

iii) contribuição para o aquecimento global (gases definidos pelo Protocolo de Quioto, 1997): dióxido de carbono $CO_2$, metano $CH_4$, óxido nitroso $N_2O$, hexafluoreto de enxofre $SF_6$, compostos perfluorados PFCs, hidrofluorcarbonetos HFCs;

v) substâncias que destroem a camada de ozônio SDOs[33] (gases definidos pelo Protocolo de Montreal, 1987): clorofluorocarbonetos (CFCs) presentes em aparelhos de ar-condicionado e aerossóis, dentre outros;

---

[33] Região da estratosfera (de 15 a 35km de altitude) acima da altitude de cruzeiro da aviação comercial (de 10 a 12km) que concentra grandes quantidades do gás ozônio $O_3$ que protege os seres vivos dos raios ultravioleta (UV) emitidos pelo Sol. Sem este filtro natural, os raios UV – que em pequenas doses são benéficos, contribuem para produção de vitamina D – favorecem o aparecimento de doenças como catarata (cegueira), câncer de pele, dentre outras. Não à toa, algumas categorias e leis locais também obrigam empresas a fornecer protetor solar àqueles que trabalham a céu aberto.

vi) resíduos.

As recomendações são fundamentalmente calcadas nos Princípios e Práticas Contábeis difundidos dentro do processo de padronização internacional, o equivale afirmar que as características da informação contábil, definições, registros e afins são as mesmas aplicadas à denominada Contabilidade Financeira.

Como já destacado, a ênfase recai no aspecto divulgação, em especial a política contábil para os 5 temas supramencionados, incluindo políticas específicas para cada tema, metas e medidas.

Exemplos do ISAR de divulgações contábeis para cada tema ambiental.

*Tabela 3 – Fluxo de Consumo e Retorno de Água*

| Consumo de água (m³)[1] | 2017 | 2018 |
|---|---|---|
| Liberação de água para o sistema público de coleta | | |
| com tratamento interno de efluente | 1.000 | 1.100 |
| sem tratamento | 1.000 | 1.000 |
| Liberação de água para o meio ambiente[2] | | |
| com tratamento interno de efluente | 1.000 | 1.000 |
| sem tratamento | 1.000 | 1.100 |
| Perda no sistema | 100 | 200 |
| Abastecimento humano e animal | 20 | 50 |
| Evaporação | 500 | 600 |
| Resfriamento | 280 | 300 |
| Variação no armazenamento (reservatórios) | 0 | 0 |
| **Consumo total** | **4.900** | **5.350** |
| Valor adicionado líquido (R$)[3] | 10.000 | 11.000 |
| **Índice de ecoeficiência (m³ / R$)** | **0,490** | **0,486** |
| Retorno (m³) | | |
| Água resfriada | 100 | 150 |
| **Retorno total** | **100** | **150** |
| Água recebida (m³) | | |
| Água retirada de fonte subterrânea[4] | 4.000 | 4.100 |
| Água retirada de fonte superficiais | 500 | 600 |
| Água entregue | 500 | 800 |
| Ganhos de transporte | 0 | 0 |
| **Total de água recebida** | **5.000** | **5.500** |

| Uso | | |
|---|---|---|
| Doméstico | 100 | 150 |
| Comercial | 900 | 950 |
| Industrial | 4.000 | 4.400 |

*1 ou em litros (ℓ.)*
*2 águas subterrâneas, superficiais (fluvial, marítima, lacustre) ou solo.*
*3 receitas (–) produtos e serviços adquiridos (–) depreciações de ativos tangíveis, praticamente o mesmo conceito prescrito pela NBC TG 9 "Demonstração do Valor Adicionado".*
*4 de poços.*

*Tabela 4 – Necessidade de Energia*

| | Aquecimento (GJ equivalente) | | Produção (MWh) | | Total (MWh equivalente) | |
|---|---|---|---|---|---|---|
| | 2017 | 2018 | 2017 | 2018 | 2017 | 2018 |
| Eletricidade | | | 10.000 | 10.500 | 10.000 | 10.500 |
| Gás natural | 17.100 | 18.810 | | | 1.663 | 6.829 |
| Hulha | 247.020 | 301.448 | | | 24.018 | 29.310 |
| **Energia adquirida** | **264.120** | **320.258** | **10.000** | **10.500** | **35.681** | **41.639** |
| Vapor vendido | (50.000) | (60.000) | | | (4.862) | (5.834) |
| Hulha estocada | (12.351) | (54.428) | | | (1.201) | (5.292) |
| **Necessidade total** | **201.769** | **205.830** | **10.000** | **10.500** | **29.618** | **30.513** |
| Valor adicionado líquido (R$) | | | | | 10.000 | 11.000 |
| **Índice de ecoeficiência (MWh / R$)** | | | | | **2,962** | **2,774** |

*Tabela 5 – Contribuição ao Aquecimento Global*

| Emissões de $CO_2$ relativas ao uso de energia | Necessidade de Energia | | Contribuição (ton $CO_2$ /100 anos)[1] | |
|---|---|---|---|---|
| | 2017 | 2018 | 2017 | 2018 |
| Eletricidade | 30.000.000 MWh | 36.000.000 MWh | 5.020.000 | 5.528.000 |
| Gás natural (seco)[2] | 1.700 GJ | 2.000 GJ | 95.370.000 | 112.200.000 |
| Carvão | 2.000 GJ | 2.200 GJ | 189.200.000 | 208.120.000 |

| betuminoso (hulha) | | | | |
|---|---|---|---|---|
| Gasolina | 500 GJ | 600 GJ | 34.650.000 | 41.580.000 |
| **Contribuição da energia para o aquecimento global** | | | **324.240.000** | **367.428.000** |
| Outros Processos Industriais / Outros Gases | | | Potencial (ton equivalente $CO_2$)[3] | |
| Hexafluoreto de enxofre $SF_6$ (ton) | 3.000 | 2.800 | 67.800.000 | 63.280.000 |
| **Contribuição total para o aquecimento global** | | | **392.040.000** | **430.708.000** |
| Valor adicionado líquido (R$) | | | 10.000.000 | 11.000.000 |
| **Índice de ecoeficiência (ton eq. $CO_2$ / R$)** | | | **39,204** | **39,155** |

1 o potencial de aquecimento global baseia-se no impacto de cada substância expressos em quilos de dióxido de carbono pelo prazo de 100 anos
2 GJ = gigajoules ou 1 bilhão de joules. 1 megawatt/hora equivale a 3,6 GJ.
3 x 22.600 (fator).

*Tabela 6 – Dependência de Substâncias que Destroem a Camada de Ozônio (SDOs)[1]*

| Objetivo e forma | Total (ton) | | Novas | | Total | |
|---|---|---|---|---|---|---|
| | 2017 | 2018 | 2017 | 2018 | 2017 | 2018 |
| Produção[1] | 1.000 | 500 | 10 | 50 | 40 | 20 |
| Aquisições (engarrafados)[2] | 100 | | | | 4 | |
| Aquisições (para uso)[3] | 2 | 1 | | | 0,08 | 0,04 |
| Aquisições total | 102 | 1 | | | 4,08 | 0,04 |
| Em containers | 1 | 1 | | | | |
| Em equipamentos[3] | 1.200 | 1.300 | | | 48 | 52 |
| Em uso como agente de processos[4] | 10 | 20 | | | 0,4 | 0,8 |
| Estoques de SDOs | 1.211 | 1.321 | | | 48,4 | 52,8 |
| Dependência Total de SDOs | | | | | 92,48 | 72,84 |
| Valor adicionado líquido (R$) | | | | | 10.000 | 11.000 |
| **Índice de ecoeficiência (ton / R$)** | | | | | 0,925 | 0,663 |

1 Muitas SDOs têm restrições de produção/comercialização por força de tratados internacionais.
1 Diclorofluorometano $CHCl_2F$ ou R21 ou Freon 21.
2 Tetraclorodifluoretano $C_2F_2Cl_4$ ou CFC 112.
3 Bromotrifluorometano $CF_3Br$ ou Halon 1301, Halon 13B1, R13B1 ou BTM.

4 Clorotetrafluoroetano $CHClFCF_3$ ou HCFC 124.

*Tabela 7 – Emissões de SDOs*

| Objetivo e forma | 2017 | 2018 | 2017 | 2018 |
|---|---|---|---|---|
| Dependência Total de SDOs | | | 92,48 | 72,84 |
| Reciclado | 1,012 | 2,12 | (0,04048) | (0,0848) |
| Total recuperado, regenerado, reciclado | | | (0,04048) | (0,0848) |
| SDOs destruídas | 0,8 | 2,5 | (8) | (18) |
| Vendas SDOs | 1,5 | | (15) | |
| Estoques de SDOs | | | (48,4) | (52,8) |
| Emissões derivadas | | | 21,04 | 1,96 |
| Valor adicionado líquido (R$) | | | 10.000 | 11.000 |
| **Índice secundário de ecoeficiência (kg/R$)** | | | **2,104** | **1,781** |

*Tabela 8 – Resíduos Gerados*

| Tratamento tecnológico | Mineral | | Não mineral | | | | Total | |
|---|---|---|---|---|---|---|---|---|
| | Inofensivos | | Inofensivos | | Perigosos | | | |
| | 2017 | 2018 | 2017 | 2018 | 2017 | 2018 | 2017 | 2018 |
| Reuso, remanufatura, reciclagem em circuitos abertos | 83,8 | 23,8 | 105,7 | 74,0 | 38,0 | 2,1 | 189,5 | 97,8 |
| Incineração[1] | 87,4 | 52,4 | 45,4 | 74,5 | 12,2 | 26,7 | 132,8 | 126,9 |
| Aterros sanitários[2] | 78,2 | 104,5 | 130,4 | 21,2 | 55,6 | 34,7 | 208,6 | 125,7 |
| Lixões a céu aberto | 67,0 | 0,2 | 12,3 | 5,4 | 0,4 | 5,2 | 79,3 | 5,6 |
| Temporariamente armazenados na unidade | 14,6 | 42,0 | 46,8 | 55,2 | 1,4 | 0,3 | 61,3 | 97,3 |
| Total | 331,0 | 222,9 | 340,6 | 230,4 | 407,5 | 68,9 | 671,6 | 453,3 |

| Reuso, remanufatura, reciclagem em circuitos fechados | (10,0) | (12,0) | (5,2) | (3,0) | (0,1) | (0,2) | (15,2) | (15,0) |
|---|---|---|---|---|---|---|---|---|
| Total | 321,0 | 210,9 | 335,4 | 227,4 | 107,4 | 68,7 | 656,4 | 438,3 |
| Valor adicionado líquido (R$) | | | | | | | 1.000 | 1.100 |
| **Índice de ecoeficiência (m$^3$ / R$)** | | | | | | | **0,656** | **0,438** |

*1 Altas e baixas temperaturas e fornos de cimenteira.*
*2 Para resíduos bioativos, estabilizados e inertes.*

Apesar da maior atenção ao aspecto divulgação, merece destaque a atenção dada ao conceito de valor adicionado ou agregado, anos antes de se tornar uma demonstração contábil obrigatória no Brasil (LSA, art. 176 V).

O ISAR critica a Contabilidade Financeira, pois apesar de amplamente usado, o conceito de valor adicionado era mal compreendido, muito calcado na interpretação fiscal (ONU, 2004), cujos conceitos no Brasil estão relativamente presentes nos tributos não-cumulativos ou recuperáveis.

Conceitualmente há duas formas de se calcular o valor adicionado:

a) na geração (ou fontes ou abordagem tributária) = receitas – custos, ou;

b) na distribuição = salários + depreciações + amortizações + juros pagos + tributos + dividendos + lucros retidos.

Para fins de ecoeficiência é necessário um passo além. Investimentos em ativos tangíveis e bens adquiridos (insumos) não deveriam ser tratados de modo diferente embora ambos sejam produzidos fora da empresa.

Sendo seus valores criados fora da empresa mais a energia, a água, etc. usadas, bem como os resíduos gerados para sua produção (contabilizados nas empresas que produziram os ativos), a depreciação de ativos tangíveis é deduzida do valor adicionado como se segue:

a) valor adicional líquido = receitas – custos – depreciações de ativos tangíveis, ou;

b) valor adicional líquido = salários + amortizações sobre ativos intangíveis + juros pagos + tributos + dividendos + lucros retidos.

Outro destaque pode ser feito para o aspecto mensuração – dos mais desafiadores em termos de Contabilidade Ambiental. O ISAR ressalta que para fins de indicadores de ecoeficiência existem diferentes métodos, cálculos e estimativas usados em diferentes graus e combinações, tais como:

a) valor medido ou calibrado, muitas vezes em escalas ou níveis, com auxílio de medidores ou outros instrumentos;
b) valor estimado, baseado em prática comum e tecnologia aplicada;
c) valor calculado, com uso de algoritmos;
d) valor empírico, baseado em estudo/pesquisa empírico e evidência científica;
e) valor de referência, usado para normalizar um sistema dinâmico, como números-padrões e índices, permitindo a comparação entre empresas de diferentes níveis de atividade;
f) fator de conversão, valor consensual baseado em padrões científicos aceitos.

# 9. CONTABILIDADE DA GESTÃO AMBIENTAL (CGA)

A Comissão das Nações Unidas para o Desenvolvimento Sustentável (CSD em inglês) em cooperação com o governo austríaco elaborou documento voltado a princípios e procedimentos ou práticas em CGA, especialmente na mensuração de custos e despesas ambientais como base para o desenvolvimento de uma CGA a nível nacional, isto é, para geração de dados ambientais dentro do que se denominam contas nacionais ou contabilidade pública (IPSAS em inglês, em processo de padronização mais retardado que as IFRS).

Dado que a Contabilidade Financeira, tradicional, ortodoxa, está muito bem aparelhada para a produção de informações do espectro econômico-financeiro mas possui limitações em relacionar dados ambientais (uma necessidade em tempos de sustentabilidade) traz como consequência que os tomadores de decisão "falham no reconhecimento do valor econômico dos recursos naturais como ativos, e no valor comercial e financeiro associado a um bom desempenho ambiental" (ONU, 2001).

Neste diapasão, o CGA é muito mais parte da vocação natural das Ciências Contábeis, qual seja, a Gerencial, voltada à gestão conforme crenças, estruturas e necessidades internas de cada empresa[34], do que de suas faces mais visíveis e expostas, sujeitas e regramentos específicos como a Financeira e a Tributária (*figura 6*), ainda que compartilhem muitas informações em comum e, em nome da transparência, cada vez mais a Gerencial abasteça a Financeira.

Com o aumento da preocupação com o meio ambiente, endurecimento da lei e demanda por mais transparência corporativa têm levado a um inevitável crescimento de gastos com proteção ambiental, redução da poluição, controle de resíduos, monitorização, conformidade, tributação e seguros, sem contar no intangível – mas real – deterioração de imagem corporativa.

---

[34] Como a CSD observa, para a Contabilidade Financeira o limite é a entidade legal, os portões da empresa, agregando várias fábricas ou unidades, enquanto que na Contabilidade Gerencial ou Analítica avança para dentro da empresa na identificação e análise de produtos e etapas de produção.

Ainda que o corte de pessoal seja uma medida comumente aplicada para a redução de custos, esta solução pode se revelar inócua ou contraproducente na medida em que a insegurança gerada leve desmotivação, perda de conhecimento e, consequentemente, queda na produtividade. Uma melhor gestão de custos de materiais pode levar a melhores resultados.

A segregação feita pela CGA possibilitaria identificar oportunidades para reduzir custos, mormente na gestão de resíduos, relativamente mais fáceis de associar aos produtos, o que soa como música para muitos ouvidos.

Segundo levantamento da CSD (*op. cit.*), os custos da gestão de resíduos representam 1 a 10%, enquanto materiais desperdiçados 40 a 90% dos custos ambientais, bem como levou a uma regra básica da gestão ambiental: 20% das atividades de produção são responsáveis por 80% dos custos ambientais. Quando os custos ambientais são imputados aos *overheads* partilhados por todas as linhas de produção, os produtos com reduzidos custos ambientais subsidiam os que apresentam elevados custos, podendo resultar em preços incorretos dos produtos que reduz a rentabilidade total da empresa.

Na Contabilidade Financeira, muitos desses gastos são atribuídos a ("escondidos" em) custos indiretos ou gastos gerais de fabricação (CIFs / GGFs), o que, na visão da CSD desincentivaria os gestores a reduzir custos de natureza ambiental bem como dificulta a sua compressão e amplitude.

Além disso, o fato de alguns custos não serem totalmente registrados, como os externos, conduziria a cálculos distorcidos de custeio de produtos.

Numa perspectiva econômica, o preço de matérias-primas escassas, da poluição, da deposição e seus efeitos sobre saúde e ambientes contaminados não refletem seu verdadeiro valor e custos para a sociedade (que os suporta), invertendo de forma perversa a diretriz do poluidor-pagador dos custos ambientais.

Assim, além dos internos, os custos ambientais compreendem também os custos externos e referem-se tanto a custos da degradação quanto da salvaguarda ou proteção ambiental conforme tabela 9, estes quais incluem as despesas em medidas de proteção ao meio ambiente para prevenir, reduzir, controlar e documentar os aspectos ambientais, impactos e riscos, assim como a deposição final, tratamento, saneamento e despesas com descontaminação (VDI *apud* ONU, 2001).

*Tabela 9 – Custos Ambientais Totais*

| | |
|---|---|
| | **Custos de salvaguarda ambiental (Tratamento e Prevenção)** |
| **+** | **Custos dos materiais desperdiçados** |
| **+** | **Custos das perdas de capital e trabalho** |
| **=** | **Custos ambientais totais da empresa** |

*Fonte: ONU, 2001.*

Todavia, por limitações, os custos externos resultantes da atividade da empresa não internalizados através da regulamentação e preços, não são considerados na CGA. É papel dos governos aplicar instrumentos políticos tais como eco-tributos e regulamentação de controle de emissões e de resíduos de forma a reforçar o princípio do poluidor-pagador, e assim possibilitar a integração dos custos externos nos cálculos dos custos ambientais da empresa.

Além da falta de normatização de classificação dos custos ambientais e da sua desconsideração ou falta de identificação adequada (lançados como *overheads*), surgem ineficiências de gestão na medida que gerar emissões e resíduos pelo processo manufatureiro costuma ser mais oneroso que trata-lo.

Ademais, os encarregados da gestão ambiental usualmente não têm acesso pleno à contabilidade gerencial da empresa e, quando o têm, não possuem qualificação suficiente para sua compreensão, razão pela qual suas contribuições na mitigação de custos *lato sensu* têm alcance limitados. Já os *controllers*, por outro lado, têm acesso praticamente total a essa imensa base de dados que é a Contabilidade mas continuam na dificuldade em destacar os elementos ambientais, em parte decorrente de problemas de falta de comunicação entre áreas, agravada por divergências conceituais.

A CGA surge para tentar facilitar a transição de informações entre as contabilidades financeira e gerencial, operando tanto dados monetários quanto físicos, a fim de aumentar a eficiência de materiais, reduzir o impacto e risco ambiental e reduzir os custos de proteção ambiental.

Tabela 10 – A CGA (em negrito)

| Contabilização em Unidade Monetárias | | | Contabilização em Unidade Físicas | |
|---|---|---|---|---|
| Contabilidade Convencional | Contabilidade da Gestão Ambiental | | | Outras Ferramentas de Avaliação |
| | CGAM CGA Monetário | | CGAF CGA Físico | |
| INFORMAÇÃO A NÍVEL DA EMPRESA | | | | |
| Contabilidade convencional | Apuramento da parte ambiental a partir dos registos contabilísticos e da contabilidade analítica | | Balanços de massa, energia e água ao nível da empresa | Sistemas de planeamento da produção e sistemas de contabilidade dos stocks. |
| INFORMAÇÃO A NÍVEL DO PROCESSO/CENTRO DE CUSTOS E A NÍVEL DO PRODUTO/CONDUTORES DE CUSTOS | | | | |
| Contabilidade analítica | Contabilidade dos custos dos fluxos de materiais baseada na actividade | | Balanço de massa a nível do processo e produto. | Outras avaliações ambientais, medidas e ferramentas de avaliação |
| APLICAÇÃO A NÍVEL DA EMPRESA | | | | |
| Utilização interna em estatísticas, indicadores, cálculo das poupanças, elaboração de orçamentos e avaliação de investimentos | Utilização interna em estatísticas, indicadores, cálculo das poupanças, elaboração de orçamentos e avaliação de investimentos dos custos ambientais | | Utilização interna para o sistema de gestão ambiental e avaliação do desempenho, benchmarking | Outras utilizações internas em projectos de produção mais limpa e de ecodesign |
| Comunicação financeira externa | Divulgação ao exterior das despesas, investimentos e responsabilidades ambientais. | | Comunicação externa (declaração EMAS, relatório ambiental da empresa, relatório da sustentabilidade) | Outros relatórios externos para os organismos de estatísticas, governos, etc. |
| APLICAÇÃO A NÍVEL NACIONAL | | | | |
| Contabilidade do rendimento nacional pelos organismos de estatísticas | Contabilidade nacional dos investimentos e custos anuais da indústria em ambiente, custeamento das externalidades | | Contabilidade dos recursos nacionais (balançode massa por país, região e sectores) | |

Fonte: ONU, 2001.

Deixando o suspeito Bloco K (controle da produção e do estoque) propositadamente de fora, mesmo os complexos sistemas integrados de gestão tipo MRP (*Material Requirement Planning*) ou ERP (*Enterprise Resource Planning*) calcados em estruturas de produtos acabados (eventualmente semi-acabados) tipo "árvore" em níveis, não costumam gerar informações completas para fins ambientais acerca da estrutura de fluxo de materiais. Não quantificam nem mensuram em particular as saídas de não produto, de resíduos e de emissões talvez porque sejam tratados como custos.

Em toda atividade de industrialização, ao longo do chamado ciclo de operações fabris, uma parcela de materiais e energia não se transformam em produtos ou subprodutos comercializáveis e parte pode até ser tratada como sucata, mas ainda assim restam o que em contabilidade ambiental são denominados resíduos sólidos, fluídos ou gasosos (*mais adiante referenciados na categoria 3 da tabela 11*).

Em Engenharia ou Administração da Produção, são às vezes tratados como "perdas". Já em Contabilidade, estas "perdas" fazem parte do processo de manufatura para dado nível tecnológico, por isso tradicionalmente tratadas como custos de materiais e de energia. Somente haveria perda contábil em eventos anormais, extraordinários, não recorrentes: enchentes, incêndios, vazamentos, furtos, etc. (*consulte a classificação de despesas ambientais no Capítulo 7*).

Como fluxos de materiais, são fluxos de valores, em tese, podem ser seguidos pelos sistemas contábeis e assim vem sendo desenvolvidos. Este método denomina-se "contabilidade dos custos de fluxos de materiais" (MFCA *tratado no Capítulo 10*) e objetiva não somente desagregar os custos específicos de proteção ambiental mas detectar todos os fluxos de materiais pelos centros de custos e, consequentemente, rever as quantidades de materiais adicionadas nas fases de produção (incluindo desperdícios, resíduos, etc.) e os próprios custos de produção.

O balanço dos fluxos de materiais assim como os indicadores daí resultantes são uma informação vital para a comunicação ambiental desejada (*figura 7*).

Pode compreender a análise de entradas e saídas (*inputs* e *outputs*) de materiais, inclusive ao longo do ciclo de vida dos produtos fabricados, muito aplicado em Marketing, o qual busca considerar os custos relacionados a todas as fases do ciclo de vida, ultrapassando os limites da contabilidade financeira, especialmente o regime de competência e custos externos, tratados pela norma NBR ISO 14040 "Análise do Ciclo de Vida do Produto" (ACV).

*Figura 7 – Categorização da Contabilidade Ambiental Orientada pelos Fluxos de Materiais*

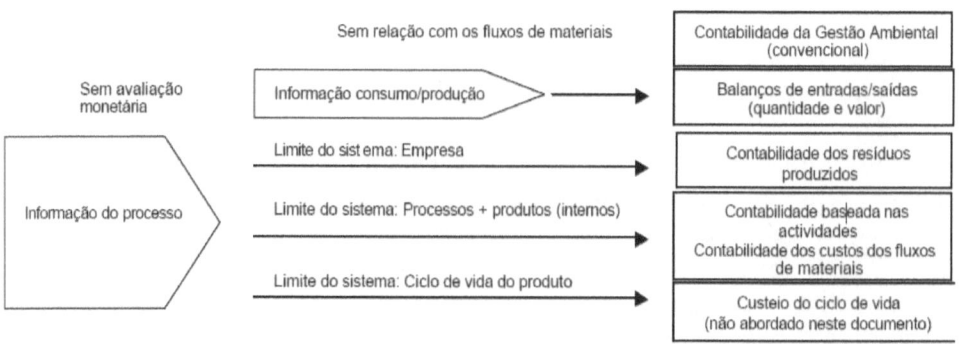

*Fonte: Adaptado de IMU Augsburg apud ONU, 2001.*

A adoção do método de custeio baseado em atividades (ABC em inglês) auxiliaria na identificação de fluxos de materiais e custos imputados aos respectivos centros de custos que geram poluição.

Aproveitando-se de trabalhos desenvolvidos no âmbito do Sistema de Contas Nacionais Ambiental-Econômico (SEEA) também da ONU, os custos ambientais para CGA são apresentados com base em dois eixos apurados em separado, os quais, quando cruzados (*tabela 10*) permitem avaliar a consistência e oportunidades de melhorias:

a) pela controladoria, onde os gastos ambientais são classificados, são apurados volumes de compra e de produção (entradas/saídas);

b) pelo SGA, onde são feitos os cálculos de custo por categoria ambiental, bem como a distribuição do custo total por estas categorias, estimativas de massa, de energia, de água, volumes de deposição e emissão, descrição de processo, de equipamentos para tratamento, de tecnologias de produção, estimativas das horas de trabalho e matérias auxiliares.

Tabela 11 – Despesas/Custos e Receitas/Ganhos Ambientais

| Categoria ambiental<br>Categorias de custos/despesa ambiental | Ar/Clima | Águas residuais | Resíduos | Solo/águas subterrâneas | Ruído + vibração | Biodiversidade /paisagem | Radiação | Outros | Total |
|---|---|---|---|---|---|---|---|---|---|
| 1. Tratamento de emissões e resíduos | | | | | | | | | |
| 1.1. Depreciação do equipamento | | | | | | | | | |
| 1.2. Materiais auxiliares e de manutenção e serviços | | | | | | | | | |
| 1.3. Pessoal | | | | | | | | | |
| 1.4. Taxas, impostos e encargos | | | | | | | | | |
| 1.5. Multas e penalidades | | | | | | | | | |
| 1.6. Seguro e responsabilidades ambientais | | | | | | | | | |
| 1.7. Provisões para custos de descontaminação e remediação | | | | | | | | | |
| 2. Prevenção e gestão ambiental | | | | | | | | | |
| 2.1. Serviços externos de gestão ambiental | | | | | | | | | |
| 2.2. Pessoal para actividades gerais de gestão ambiental | | | | | | | | | |
| 2.3. Investigação e desenvolvimento | | | | | | | | | |
| 2.4. Despesas extra em tecnologias de produção mais limpa | | | | | | | | | |
| 2.5. Outros custos de gestão ambiental | | | | | | | | | |
| 3. Valor de compra do materiais do output não-produto | | | | | | | | | |
| 3.1. Matérias-primas | | | | | | | | | |
| 3.2. Embalagens | | | | | | | | | |
| 3.3. Matérias secundárias | | | | | | | | | |
| 3.4. Matérias auxiliares | | | | | | | | | |
| 3.5. Energia | | | | | | | | | |
| 3.6. Água | | | | | | | | | |
| 4. Custos de processamento do output não-produto | | | | | | | | | |
| Σ Despesas ambientais | | | | | | | | | |
| 5. Receitas ambientais | | | | | | | | | |
| 5.1. Subsídios, prémios | | | | | | | | | |
| 5.2. Outros ganhos | | | | | | | | | |
| Σ Receitas ambientais | | | | | | | | | |

Fonte: ONU, 2001.

Neste contexto, tipo mini-manual de plano de contas, o bloco 1 "tratamento de emissões e resíduos", resumidamente subdividem-se em:

1) Depreciação do equipamento: compactadores de resíduos, contendores para recolhimento, veículos, sistemas de recuperação de calor residual, filtros de emissões gasosas, investimentos na

redução do ruído, estações de tratamento de águas residuais (efluentes), etc.;

2) Materiais e serviços de manutenção e de funcionamento: materiais auxiliares e de manutenção, inspeção, etc.;

3) Pessoal: tempo dos colaboradores despendido a gerir os investimentos relacionados com o manuseamento de emissões e resíduos, enquanto que o tempo gasto na produção ineficiente (produção de resíduos) e nas atividades gerais de gestão ambiental deve ser contabilizado noutra seção;

4) Taxas, impostos e encargos: de deposição, de acesso a esgotos e de descarga de efluentes, custos de licenças específicas, ou impostos ambientais, eco-tributos nos consumos de energia e água, assim como nas embalagens e por vezes em substâncias perigosas e também sobre os volumes de resíduos, águas residuais e emissões gasosas que a empresa gera na fabricação;

5) Multas e penalidades;

6) Seguros de responsabilidade ambiental: normalmente lançado na coluna outros custos, não na ambiental específica, deve incluir risco elevado de incêndio, para a instalação ou transporte devido ao manuseamento de substâncias e processos perigosos[35];

7) Provisões para custos de descontaminação, remediação, etc.: considerar e antecipar despesas e obrigações futuras e apoiar a empresa a proteger-se contra riscos de contingência, independem de restrições da contabilidade financeira e tributária, ou seja, no bojo da liberdade da contabilidade gerencial[36].

Para o bloco 2, "prevenção e gestão ambiental":

1) Serviços externos de gestão ambiental: consultoria na área do ambiente, formação, inspeções, auditorias e comunicação, incluindo de edição de demonstrações, relatórios e patrocínios, em geral lançados na coluna de "outros" porque cobrem basicamente todas as atividades da empresa, sendo imperativo não sobrestimar a parte ambiental destes serviços;

---

[35] Mesmo quando acobertadas por apólice de seguro, as empresas geralmente têm de pagar parte do impacto denominada franquia.

[36] Para este fim recomenda-se consultar, além do documento da Comissão da ONU indicado na bibliografia, as respectivas legislações, especialmente LSA, NBCs e RIR/2018.

2) Pessoal para as atividades gerais de gestão ambiental: pessoal e gastos associados de SGA, não diretamente relacionados com o tratamento de emissões ou produção de não-produto;
3) Investigação (pesquisa) e desenvolvimento: atividades relacionadas com P&D ambientais devem ser segregadas;
4) Despesas extra em tecnologias mais limpas: do ponto de vista ambiental ou da sustentabilidade, "tecnologias mais limpas" ou "processos de produção mais eficientes" significam que previnem ou reduzem a poluição na origem, ou também que utilizam menos energia, são mais rápidas e têm maior capacidade, assim, se consideram economias de custos na aplicação de uma nova tecnologia, mas se o dispêndio for principalmente por proteção ambiental, considerar-se-á como depreciação;
5) Outros custos de gestão ambiental: a maior parte dos custos desta categoria estão relacionados com a comunicação externa, como relatórios ambientais e/ou de sustentabilidade, custos suplementares para as compras ecológicas quando comparados com o dos materiais convencionais, custos de atividades de gestão ambiental como o patrocínio ecológico.

No bloco 3, "valor de compra dos materiais do *output* não produto" está estipulado "seja o que for que não saia da empresa como produto é um sinal de uma produção ineficiente e deve, por definição, ser considerado resíduo e/ou emissão". É considerado o principal custo, variando de 40% a 90% a depender do valor das matérias-primas e intensidade de trabalho. Sua base de mensuração é o preço de compra mas admite-se o valor dos materiais consumidos. As empresas "pagariam" triplamente pela saída (*output*) não-produto; na compra, na fabricação e na deposição.

A devolução, destruição, reembalagem de produto para outros países ou exigências específicas dos clientes, controle de qualidade, baixas de produção, derrames, perdas, perdas na armazenagem, etc. são algumas das causas da produção de resíduos que necessitam de ações para aumentar a eficiência da produção, as quais podem ser lucrativas tanto do ponto de vista econômico como do ponto de vista ecológico.

Combinando-se os custos de compra[37] com os materiais consumidos (saídas do balanço de massa) e a quota-parte da saída do não-produto é atribuída às diferentes categorias (colunas):

[37] Variações de preços podem ser obtidas pelo custo médio.

1) Matérias-primas: quando constituem o *output* não-produto, são principalmente classificadas como sólidos, às vezes, líquidos e raramente gasosos;

2) Embalagens: dos produtos que deixarão a empresa, teoricamente mais fáceis de se monitorar, enquanto que as embalagens dos materiais comprados está embutida nos preços destes (não há registros em separado) e, quando não podem ser devolvidas aos fornecedores, terminam como resíduos;

3) Matérias secundárias: são partes do produto, mas não os principais;

4) Materiais auxiliares: não fazem parte dos mapas de custo dos produtos, tais como solventes, detergentes, tintas, colas, etc., a maioria é sólida ou líquida, mas materiais voláteis como acetona e álcoois contam como emissões gasosas (portanto categoria ar/clima), muitas vezes são englobados nos custos indiretos (bloco 4, preferencialmente deduzidos *pro rata*), são classificados aqui quando não atribuídos no item 2 do bloco 1;

5) Energia: proporção da ineficiência da conversão dos processos de produção e eventuais perdas de eficiência na produção de energia, calculadas pelo pessoal da produção, normalmente na coluna ar/clima e águas residuais, se tiver resultado em aumento de temperatura destas;

6) Água: tudo que possa ser encontrado nas águas residuais (efluentes).

No bloco 4 "custos de processamento do *output* não-produto", serão alocados o (tempo de) trabalho desperdiçado assim como parte da depreciação de equipamento fabril, uma porcentagem das matérias-primas e resíduos de matérias secundárias, materiais auxiliares e embalagens que não possam ser classificadas acima são adicionadas como custos de produção. Não há estimativas de energia e de água uma vez que estão na compra de materiais. O uso da coluna energia somente se aplica quando a empresa gera sua própria energia. Analogamente à estimativa dos custos para as perdas de eficiência na energia fornecida, a respectiva proporção também deve ser listada aqui.

Há também um bloco para "receitas ambientais" o qual inclui:
1) Subsídios e prêmios: quando decorrentes de projetos ambientais, e, no caso de prêmios, quando em recursos, não os simbólicos, troféus, diplomas. Isenções e outros benefícios fiscais devem ser

apropriadas às economias de custos de investimentos e projetos ambientais, e não aqui;

2) Outras: venda de resíduos recicláveis, bem como, da partilha de estação de tratamento de efluentes e distribuição de energia gerada para a rede externa.

Resumidamente, a partir daí estabelece-se os itens da DRE a serem analisados na apuração dos custos ambientais, a qual pode ser tanto estruturada por natureza quanto por funções, observadas a discriminação mínima estipulada pelo art. 187 da LSA, NBC TG "Estrutura Conceitual" e NBC TG 26R5 "Apresentação das Demonstrações Contábeis" (o resultado final permanece o mesmo, independente da forma escolhida).

Na primeira forma (*tabela 12*), mais comum, todos os rendimentos e despesas de um determinado período são listados. As despesas operacionais são descritas em termos de materiais e mão-de-obra utilizados, depreciações e outras despesas. Os saldos de produtos em processo e acabados são determinados por inventário na data de fechamento, avaliado ao custo de produção e deduzido de vendas (ONU, 2001).

*Tabela 12 – Demonstração de Resultados por Natureza*

| Eventos de Resultado | Ações a Executar | Item(ns) relevante(s) *Tabela 11* |
|---|---|---|
| Receitas / Faturamento / Vendas | Determinar quantidades produzidas, vendidas, perdidas, quebras, etc. Estabelecer produto fabricado e perdas entre produção e venda | 1.4, 3, 4 |
| (-) Variações nos estoques | Quantidades de saída (*output*) de não-produto entre estocagem de produtos acabados e vendas são apropriadas ao custo dos materiais (3), ao custo de produção *pro rata* (4) e ao custo de deposição (1.4) | |
| (-) mão-de-obra | Pode ser relevante para a remoção, tratamento e prevenção de resíduos e emissões | 1.1, 2.3 (alguns) |
| + Outras receitas | Subsídios, prêmios e venda de resíduos | 5 |

| | | |
|---|---|---|
| (-) Materiais | Determinar que parte do *output* não-produto é matéria-prima, secundária e auxiliar, e avaliá-la ao custo de aquisição;<br>Custos de energia e água deverão ser incluídos nesta categoria, sendo que normalmente estão em "Outras despesas operacionais" | 3 |
| (-) Serviços de terceiros | Serviços externos para manutenção de infraestruturas de tratamento de resíduos e emissões e tecnologias mais limpas, pesquisa ambiental, consultoria, auditorias, seminários, informação externa, comunicação, etc. são contabilizados em várias contas. | 1.3, 2.1 |
| (-) Despesas com pessoal | Determinar horas de trabalho empregues em tratamento de resíduos, em tecnologias mais limpas, em atividades da gestão ambiental e em trabalho ao custo *pro rata* realizado no *output* não-produto nas várias fases do processo de produção. A avaliação não é feita a partir das contas de proveitos/custos usuais, mas sim de acordo com o custo das horas de trabalho definidas por procedimentos internos. | 1.3, 2.2, 4 |
| (-) Depreciações | Definir equipamentos utilizados no tratamento resíduos. Procurar tecnologias mais limpas e determinar se são significativamente mais caras que as existentes;<br>Determinar os custos relativos de produção *pro rata* e os custos administrativos *pro rata* para o output não-produto. | 1.1, 2.3, 4 |
| (-) Outras despesas operacionais | Despesas de transporte, taxas de recolha e tratamento de resíduos, custos de impressão da comunicação ambiental, eco-patrocínios, licenças, multas, prémios de seguros,<br>provisões, etc. estão dispersos por várias contas. As listas em anexo servem de apoio na identificação e | 1.4, 1.5, 1.6, 1.7, 2.3, 2.4 |

| | avaliação dos custos a incluir neste item;<br>Nesta categoria, pode ainda ser encontrado o custo de energia, combustível e água, não deixando de ter em conta que devem estar em "Materiais". | |
|---|---|---|
| (-) Outros tributos | Tributos ambientais | 1.4 |
| = Resultado Operacional | | |
| +/- Financeiras | Não é relevante; se os custos ambientais são avaliados em vez das despesas, o custo *pro rata* de financiamento de depreciações dos Ativos Fixos poderá no entanto ser calculado. | |
| (-) Imposto de Renda e Contribuição Social | Não é relevante | |
| +/- Resultados extraordinários | Não é relevante, exceto no caso de avarias e acidentes, e identificação de locais contaminados. | 1.4, 1.5 |
| = Lucro (Prejuízo) | | |

*Adaptado de ONU, 2001.*

Segundo a CSD (*idem*), o resultado por funções,
*"permite uma maior flexibilidade no cálculo dos custos de produção, uma vez que considera a inclusão dos overheads dos custos de produção. Os custos diretos relacionados com os materiais e produção e os custos diretos de produção especiais estão geralmente incluídos nos "custos de produção". Os custos diretos relacionados com os materiais incluem as matérias-primas e secundárias, assim como materiais de embalagem imputados diretamente a um produto, dependendo do sistema de contabilidade gerencial utilizado. Os custos diretos relacionados com a produção incluem os salários calculados de acordo com as horas utilizadas e os centros de custos. Os materiais e overheads dos custos de produção (outros custos com mão-de-obra, materiais de produção, depreciações das infra-estruturas) poderão ser registados como custos de produção ou como "outras despesas operacionais". Para se poder determinar a correta quota-parte do output (saída) não-produto dever-se-á usar um método detalhado de desagregação, em conjunto com o sistema de contabilidade gerencial usualmente utilizado pela empresa."*

A Comissão (*op. cit.*) acredita que a base para melhora de desempenho ambiental passa pelo registro de fluxos de materiais, segundo análise de entradas e saídas que podem ser tanto a nível empresa, quanto analítico, desagregado a nível da fábrica, centros de custos, produtos e processos.

Como adiantado, antes de tornarem-se resíduos e emissões os materiais seguem um ciclo ou fluxo: compra, transporte, manuseio, armazenamento, processados (na várias etapas de fabricação, com depreciações, horas-homem, matérias secundárias, custo de financiamento, etc.), recolhidos como sobras, "perdas", desperdícios, refugos, resíduos, etc. (selecionados, tratados, armazenados, transportados várias vezes), e finalmente, deixados fora (deposição).

*Figura 8 – Fluxos de Materiais e Financeiros numa Fábrica de Tintas*

*Fonte: Dimitroff- Regatschnig et al apud ONU, 2001.*

O balanço de massa cumpriria esse papel (*tabela 13*). Trata-se de uma equação que se baseia no princípio de que "tudo o que entra terá de sair ou ficar armazenado[38]". Num balanço de massa, está registada toda a informação sobre materiais utilizados e a correspondente quantidade de produto, resíduos e emissões. Todos os itens (que incluem sempre materiais, água e energia utilizadas) são medidos em termos de unidades físicas de massa (kg, ton), de volume ($\ell$, m3) ou energia (MJ, kWh). O consumo comprado é comparado com as quantidades produzidas e vendidas bem como com as emissões e resíduos.

---

[38] Em linha com a Lei da Conservação das Massas (1760) do químico russo M. Lomonosov e Lei de Lavoisier (1789) do químico francês, a qual estabelece: "na natureza nada se cria, nada se perde, tudo

se transforma" e que somente não se aplica às reações nucleares (Unesp, 2013).

*Tabela 13 – Exemplo de Entradas e Saídas para Cervejarias*

| ENTRADAS | SAÍDAS |
|---|---|
| **Matérias primas** | **Produto** |
| Cevada | Cerveja engarrafada |
| Trigo | Cerveja em barris |
| Malte | Cerveja em lata |
| Lúpulo | Bebidas sem álcool |
| Água para cerveja | **Sub produtos** |
| **Materiais secundários** | Malte |
| Aditivos (cerveja) | Pó de malte |
| Aditivos (limonada) | Lúpulo |
| Materiais de laboratório | Resíduos de cevada |
| **Embalagem** | Drêches |
| Grades (novas) | Ácido silícico |
| Garrafas | **Resíduos** |
| Latas | *Total dos resíduos para reciclagem* |
| Barris | Vidro |
| Paletes | Metal |
| Rótulos | Rótulos |
| Folha de alumínio | Plásticos |
| Rolhas | Papel, cartão |
| Cápsulas | *Total de resíduos urbanos* |
| **Materiais auxiliares** | *Total de resíduos perigosos* |
| Materiais de limpeza | Lâmpadas fluorescentes |
| Materiais desinfectantes | Refrigerantes |
| Neutralizadores | Óleos e materiais contaminados com óleo |
| Filtros | Tinteiros utilizadas |
| Óleos/gorduras | Produtos químicos |
| Sais | Sucata eléctrica |
| Refrigerantes | **Águas residuais** |
| Materiais de reparação e manutenção | Quantidade em $m^3$ |
| Cantina | CQO |
| Escritórios | CBO |
| Outros | Fosfatos |
| **Energia** | Nitratos |
| Gás | Azoto amoniacal |
| Carvão | Biogás |
| *Fuel oil* | **Emissões atmosféricas** |
| Combustíveis | CO |
| Renováveis (Biomassa, madeira) | $CO_2$ |
| Solar, eólica, hídrica | $SO_2$ |
| Electricidade produzida externamente | $NO_x$ |
| Electricidade produzida internamente | Poeiras (não relevante) |
| **Água** | HCFCs, $NH_4$, COV (não relevante) |
| Água da rede | Produtos depletores do ozono (não relevante) |
| Água subterrânea | **Ruído** |
| Água da nascente | Nível máximo à noite |
| Águas pluviais/superficiais | Nível máximo no local |

Fonte: ONU, 2001.

A reclassificação contábil da informação, depois de seu reconhecimento inicial é geralmente impossível e implica sempre custos e um grande consumo de tempo. Portanto, o segredo do sucesso seria coligir toda a informação necessária para uma análise *a posteriori*. Modificar os sistemas existentes também acarreta custos elevados, pelo que se deve aproveitar a oportunidade para introduzir questões ambientais sempre que por outras razões, o sistema seja atualizado.

# 10. CONTABILIDADE DOS CUSTOS DE FLUXOS DE MATERIAL (MFCA)

A *Material Flow Cost Accounting* (MFCA) é uma ferramenta que permite as empresas detectarem o valor adicional desperdiçado com a perda de materiais. Pode ser caracterizado como um método que distribui os custos de um processo produtivo para seus produtos e respectivas perdas de materiais.

Foi desenvolvida no final dos anos 1990 na Alemanha e se espalhou pelos países desenvolvidos, especialmente no Japão, onde conta com apoio do Ministério da Economia, Comércio e Indústria e é tratado como contabilidade gerencial ambiental.

A NBR ISO 14051 "Gestão Ambiental — Contabilidade dos Custos de Fluxos de Material — Estrutura Geral" define a MFCA como uma ferramenta de gerenciamento que pode ajudar as organizações a entender potenciais danos ambientais e financeiros pelo uso de material e energia.

A MFCA é caracterizada por quantificar e avaliar potenciais economias, sendo expressas em condições monetárias, sendo que o método não demonstra somente os custos diretos de desperdícios (perdas), mas custos de despesa de material, de trabalho e capital. Não é destinada para certificação por terceiros. Antes mesmo da mencionada norma, o MFCA já era aplicado para simultaneamente reduzir impactos ambientais e gerar economias ou redução de custos.

Seu estudo e aplicação traz um benefício adicional aos contadores: força-os a lembrar que a Contabilidade, em especial aquela que se denomina "de Custos" ou Industrial não se realiza apenas em reais, monetária, mas sobretudo fisicamente, em unidades de medida quantitativas não monetárias[39].

Materiais diretos são consumidos, conjuntamente com os custos de conversão ou de transformação, isto é, mão-de-obra direta mais custos indiretos de fabricação, os quais submetidos a algum processo de produção, de fabricação, de manufatura, transformam-se em produtos.

---

[39] Na mesma linha, uma das muitas críticas socioambientais que se faz à forma como a Economia mede a riqueza, pelo produto interno bruto (PIB), segundo o qual, fluxos e estoques de capital são mensurados apenas em termos monetários sem qualquer referência aos materiais (Jackson, 2013).

Assim, na MFCA, fluxos e estoques de materiais (incluindo energia) são registrados e quantificados em unidades físicas (peso, volume,...) concomitante a apropriação de custos sem nenhuma diferença ou grande defasagem em relação a um fenômeno real de transformação de materiais.

Enquanto a contabilidade tradicional não distingue as matérias-primas transformadas em produtos daquelas descartadas como resíduos, na MFCA, seria como a linha custo dos produtos vendidos (CPV) fosse desmembrada em duas: o custo do produto e o custo de materiais perdidos.

Suas definições:

o Material: matéria-prima, auxiliar, componente, catalizador ou parte utilizada para se fabricar um produto; qualquer material que não se torna parte do produto é considerado "perda"[40], qualquer que seja a etapa, inclusive:

  o Durante o processo de manufatura, produtos defeituosos e impurezas;

  o Materiais mantidos em máquinas e equipamentos após *set up* (ajustes);

  o Materiais auxiliares para limpar máquinas e equipamentos (água, solventes, detergentes, etc.)

  o Matéria-prima que se torna inutilizável, imprestável, qualquer que seja o motivo;

o Fluxo: rastreamento de todos os materiais de entrada que fluem através de processos de produção e medidas de produtos e perda de material (resíduos) em unidades físicas usando a seguinte equação: Entradas = produtos + "perdas" de materiais; assim, tudo deve ser quantificado;

o Contabilidade de custos: fluxos e estoques de materiais são rastreados e quantificados em unidades físicas (massa, volume, etc.) e então atribuído seu custo, em quatro possíveis categorias:

  o Custo de material: custo de substância que passa por um centro quantitativo (unidade de medida para entrada e saída para análise), o custo de aquisição é normalmente usado como custo do material;

---

[40] Definição mais rígida que a habitualmente encontrada em custos, segundo a qual perda são gastos com bens ou serviços consumidos de forma anormal ou involuntária, como furto, incêndio, inundação, greve, etc.

- o Custo de energia: várias fontes, eletricidade, combustível, vapor, calor, ar comprimido;
- o Custo do sistema: custo incorrido no curso do manejo interno de fluxos de materiais, excluindo os demais;
- o Custo de gerenciamento de resíduos: custo para lidar com "perdas" de material

*Figura 9 – Avaliação de Materiais em Unidades Monetárias*

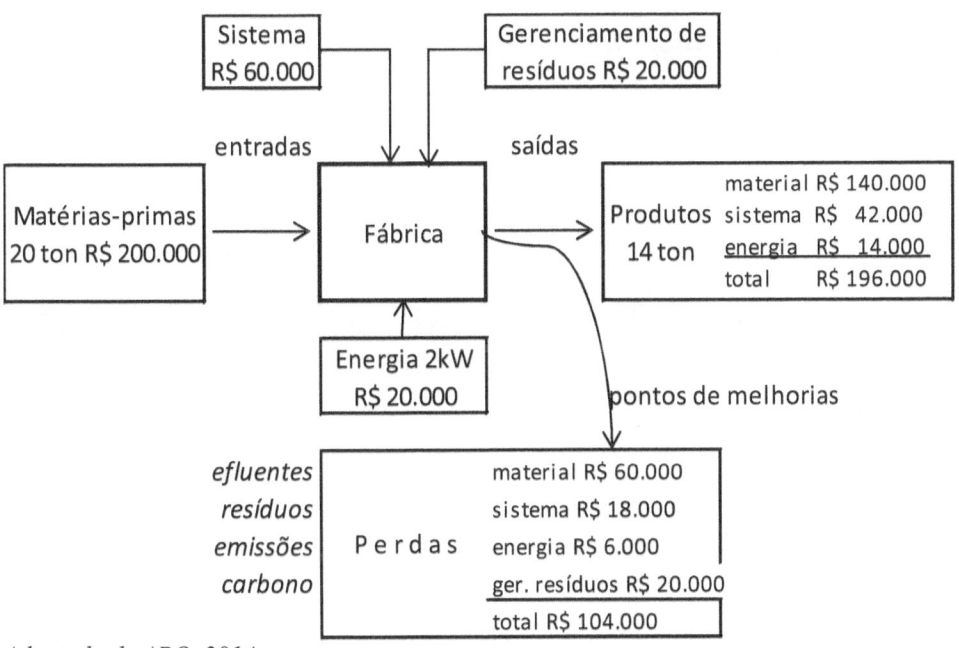

*Adaptado de APO, 2014.*

Seguindo figura acima, das 20ton de matérias-primas adquiridas e consumidas/processadas, 14ton (70%) se transformaram em produtos e o restante foi "perdido", não aproveitado (30%). Esta proporção é a base para rateio dos custos, exceto aqueles decorrentes de gerenciamento de resíduos, R$ 20.000, visto que são exclusivamente causados pelas "perdas". Os custos totais de "perdas" foram R$ 104.000, os quais, na contabilidade tradicional, são tratados como custos de produção.

Por isso, a ferramenta afirma que o MFCA incentiva tanto a redução de custos quanto o desperdício ou perda de materiais. Ao longo do processo produtivo, com ao menos três centros de quantidades, na entrada, na saída e na manufatura, seriam pontos-chave para melhorar a eficiência de materiais e de energia concomitante à redução de custos.

Este singelíssimo exemplo busca ressaltar a importância de um bom controle (o tal centro de quantidade) do fluxo de materiais, que segue a máxima: estoque inicial + compras – estoque final.

A figura seguinte traz uma ilustração de um centro de quantidade em que a matéria-prima (2.900kg + 700kg) se distribui entre produto (2.400kg), perda (800kg) e estoque (400kg). Todas entradas e saídas de materiais se igualam e são quantificadas em unidades físicas e padronizadas (p. exemplo, quilo). Na prática, porém, materiais com baixa significância ambiental ou econômica podem ser ignorados.

*Figura 10 – Exemplo de Custeio em um Centro de Quantidade*

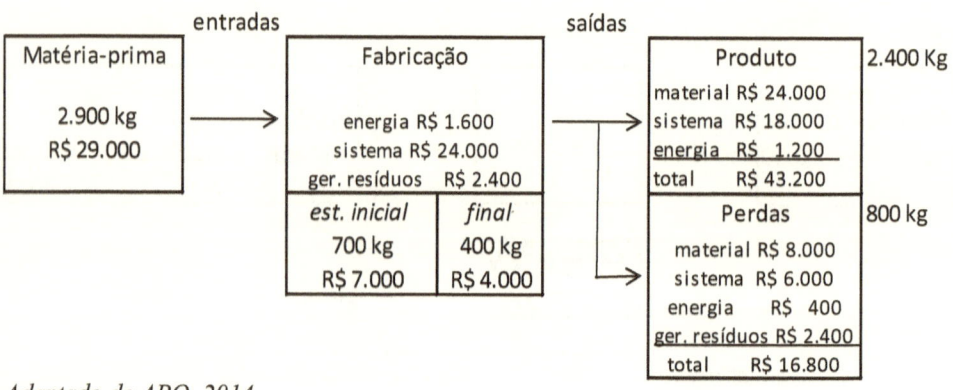

*Adaptado de APO, 2014.*

# 11. RELATÓRIOS DE SUSTENTABILIDADE

Vinte anos depois da Eco 92 (*Capítulo 2*), durante a Rio+20, além de se reafirmar os princípios de encontros anteriores e abordar novos problemas, as empresas foram novamente desafiadas a produzirem demonstrações que não atendam somente ao capital. O chamado "parágrafo da contabilidade" destacou:

*"47. Reconhecemos a importância de relatórios corporativos de sustentabilidade e as encorajamos, onde apropriado, especialmente as empresas de capital aberto e as grandes empresas, a considerar a integração das informações sobre a sustentabilidade de suas atividades em seus relatórios periódicos. Encorajamos a indústria, os governos interessados e as partes envolvidas (stakeholders) a elaborarem, com o apoio do sistema das Nações Unidas, se for o caso, modelos das melhores práticas, e a facilitarem a publicação das informações sobre o caráter sustentável de suas atividades, fundamentadas nos ensinamentos extraídos das estruturas existentes, e dando especial atenção às necessidades dos países em desenvolvimento, inclusive em matéria de capacitação" (ONU, 2012).*

Um dos pioneiros foi o "Balanço" Social[41], lançado em meados dos anos 1990 pelo sociólogo, Hebert de Souza "Betinho" (1935-1997), que enfatiza o aspecto social das empresas.

Patrocinado pelo Instituto Brasileiro de Análises Sociais e Econômica (Ibase) que ajudou a fundar, seu modelo é seguido pela grande maioria das empresas que voluntariamente o produzem e divulgam. Apesar da ênfase social, contém espaço para indicadores ambientais (investimentos), visto que é considerado um tipo de responsabilidade social empresarial e seguia o padrão de governança preconizada pelo Parecer de Orientação CVM 15/1987.

---

[41] Tecnicamente um relatório contábil-social, pois para receber o *status* de balanço deveria conter ativos e passivos sociais e que teve à época da introdução do DVA sua importância reconhecida (Nota Explicativa à Instrução CVM 469/2008).

Todavia, apesar de várias iniciativas, muitos dos denominados relatórios de sustentabilidade eram muito mais obras de comunicação e publicidade, recheados de ilustrações, muito subjetivismo e conveniência, dando um aspecto de consciência ambiental, ao que se dá o nome de *greenwashing*.

As críticas a esse tipo de postura empresarial voltaram à carga com as investigações sobre a tragédia de Brumadinho de 25/01/2019, que também conquistou o título de maior acidente de trabalho do Brasil.

Um estudo do IMD ratificou a percepção de que as empresas ainda muito falam e pouco fazem em matéria de sustentabilidade (Moreira, 2019). Não se trata apenas de imagens bonitas, frases de impacto, efeitos do *hotsite*, aplicativos com imagens *on line* ou quantidade de páginas (o da Vale de 2017 tinha 179 páginas!). Como brandou Zaidan (2019) divulgam "só vento"!

As demonstrações contábeis tradicionais (Balanço Patrimonial, Demonstração do Resultado do Exercício, Demonstração do Fluxo de Caixa, etc.), existem há séculos. No Brasil, são relatórios obrigatórios para as empresas consideradas de grande porte[42] e de setores específicos. Contém um mínimo de informações a serem apresentadas por determinação normativa, especialmente a Lei das Sociedades Anônimas (LSA) e suplementarmente as Normas Brasileiras de Contabilidade Técnicas Geral (NBC TG) convergentes com as normas internacionais IFRS.

Já os relatórios contábeis de informações sociais e/ou ambientais são produtos do contexto da virada do milênio, de divulgação voluntária, não seguem um único padrão de formato ou de conteúdo, inclusive os denominados relatórios de sustentabilidade, ainda que incorporem certos padrões, convenções e princípios contábeis tradicionais como a materialidade (característica qualitativa fundamental QC11, segundo a NBC TG "Estrutura Conceitual").

A propósito, a materialidade costuma ser uma das maiores fontes de dúvidas e de divergências nos relatórios. Isso porque não existe uma regra objetiva, um limite (valor) pré-estabelecido, nem uma metodologia para apurá-la. No máximo o SASB tem referências setoriais para os EUA. O que é material para um banco pode ser irrelevante para todos os demais negócios. Gorduras, calorias e obesidade são materiais para uma indústria alimentícia não para o comércio de vestuário e assim por diante.

A supracitada norma contábil assim define:

---

[42] Entidades que em conjunto, sob controle comum, independentemente da forma societária, tenham ativo total superior a R$ 240 milhões ou receita bruta anual superior a R$ 300 milhões (Lei 11.638/2007, art. 3° p. único).

QC11. *A informação é material se a sua omissão ou sua divulgação distorcida (misstating) puder influenciar decisões que os usuários tomam com base na informação contábil-financeira acerca de entidade específica que reporta a informação. Em outras palavras, a materialidade é um aspecto de relevância específico da entidade baseado na natureza ou na magnitude, ou em ambos, dos itens para os quais a informação está relacionada no contexto do relatório contábil-financeiro de uma entidade em particular. Consequentemente, não se pode especificar um limite quantitativo uniforme para materialidade ou predeterminar o que seria julgado material para uma situação particular.*

Embora o conceito de materialidade dos diferentes padrões de relatório de sustentabilidade[43] derivem da mesma fonte acima, cada qual possui peculiaridades para o que se recomenda atenção.

Por destacar aquilo que é relevante para o negócio, felizmente há pontos de contato de modo que em boa parte das ocasiões, o item material transcende os padrões e podem ser identificados e classificados pela matriz a seguir (*figura 11*).

*Figura 11 – Matriz de Materialidade*

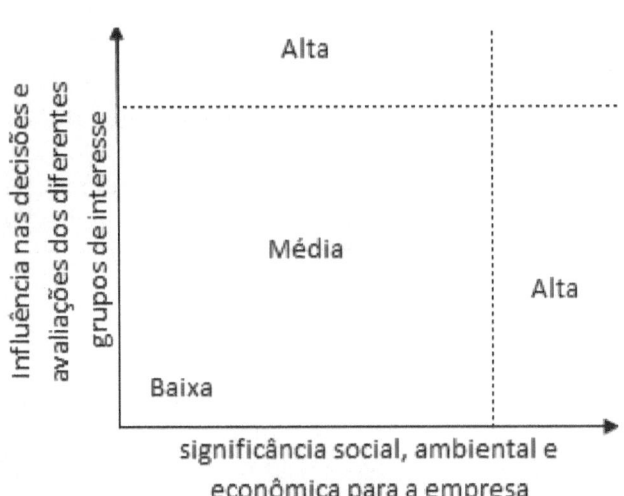

*Fonte: adaptado de GRI 101 Foundation.*

---

[43] De modo similar ao que ocorre na disputa mercadológica por um padrão global de contabilidade financeira (principalmente IFRS x FASB), também há uma competição pelo padrão global de relatório de sustentabilidade, dominado por três entidades IIRD, GRI e SASB, embora a primeira não considere seu Relato Integrado um tipo de relatório de sustentabilidade, vez que atende exclusivamente os fornecedores de capital.

O atual "mundo do intangível" é supostamente um caminho crítico e há um relacionamento muito forte com mercado de capitais e investidores. Dependendo do segmento da economia em que uma empresa esteja inserida, há maior ou menor incidência do valor dos intangíveis como reputação, imagem, reconhecimento de marcas, fidelização de clientes, transparência, etc. em seu valor de mercado. De qualquer modo, esta participação é crescente e depreende-se que tais ativos intangíveis sejam percebidos e valorizados pelos diversos públicos ou grupos de interesse.

Segundo estudos da Dom Strategy Partners (Comissão Brasileira de Acompanhamento do Relato Integrado, 2014), é importante fazer contas, definir e adotar métricas e formas de se quantificar o valor desses intangíveis, dentre estes, a sustentabilidade (modelos, diretrizes e valores do "como" se realizar as atividades corporativas sob o tripé da sustentabilidade, considerando seus impactos diretos e no entorno de negócios).

No início de 2017 o GRI e o IIRC anunciaram a formação de um grupo voltado à redução de confusão e colaboração na elaboração de relatórios de sustentabilidade.

As companhias abertas, aquelas com ações ou outros títulos negociados na B3 (a bolsa de valores brasileira), a qual prioriza o padrão GRI, são requisitadas desde 2012 na base da regra de governança "relate ou explique" indicar no Formulário de Referência (item 7.8, descrição das relações de longo prazo relevantes da companhia que não figurem em outra parte deste formulário) se divulgam algum Relatório de Sustentabilidade, onde o disponibiliza ou, em caso negativo, a explicação do porquê não o fazem (Comunicado Externo BM&FBovespa 017/2011). A partir de 2017, a requisição foi ampliada para os 17 ODS estabelecidos pela ONU.

Aliás, a exemplo de outras bolsas de valores no exterior, para este rol específico de companhias foram inclusive criados índices de ações "ambientais" específicos: o índice de sustentabilidade empresarial (ISE) em 2005 e índice carbono eficiente (ICO2) em 2010.

Cada vez mais o relatório de sustentabilidade é parte integrante do relatório anual.

Na mesma linha, o Banco Central exige a publicação de política institucional de sustentabilidade desde 2015 para instituições sob sua fiscalização.

# 12. GRI (INICIATIVA GLOBAL PARA APRESENTAÇÃO DE RELATÓRIOS)

O Global Reporting Initiative (GRI) é uma organização internacional independente resultante da fusão em 1997, de duas organizações não-governamentais (ONGs): Tellus Institute e Ceres com apoio do PNUMA, cujo objetivo é apoiar empresas a divulgar informações sobre sustentabilidade tendo como modelo seu relatório que definiu pela primeira vez padrões para relatórios de sustentabilidade e de responsabilidade social.

A partir de 01/07/2018 o modelo conhecido como G4 foi substituído pelo atual, chamado Padrões GRI de Sustentabilidade assim dispostos:

*Tabela 14 – Resumo dos Padrões GRI (entre parêntesis quantidade de itens)*

| Padrões Universais | GRI 101 Fundamentos | Introdução |
|---|---|---|
| | | 1 princípios de reporte |
| | | 2 uso dos padrões GRI |
| | | 3 fazendo queixas |
| | GRI 102 Divulgações gerais (56) | 1 perfil organizacional (13) |
| | | 2 estratégia (2) |
| | | 3 ética e integridade (2) |
| | | 4 governança (22) |
| | | 5 engajamento de grupos de interesse (5) |
| | | 6 práticas de relatório (12) |
| | GRI 103 Abordagem da Administração (3) | |
| Padrões Específicos | GRI 200 Padrões Econômicos (13) | GRI 201 Desempenho Econômico (4) |
| | | GRI 202 Presença de Mercado (2) |
| | | GRI 203 Impactos Econômicos Indiretos (2) |

| | | |
|---|---|---|
| | | GRI 204 Práticas de Compras (1) |
| | | GRI 205 Anti-corrupção (3) |
| | | GRI 206 Comportamento Anticompetitivo (1) |
| | GRI 300 Padrões Ambientais (32) | GRI 301 Materiais (3) |
| | | GRI 302 Energia (5) |
| | | GRI 303 Água e Efluentes (5) |
| | | GRI 304 Biodiversidade (4) |
| | | GRI 305 Emissões (7) |
| | | GRI 306 Efluentes e Desperdício (5) |
| | | GRI 307 Conformidade Ambiental (1) |
| | | GRI 308 Avaliação Ambiental de Fornecedor (2) |
| | GRI 400 Padrões Sociais | GRI 401 Emprego (3) |
| | | GRI 402 Relações Trabalho-Administração (1) |
| | | GRI 403 Saúde e Segurança Ocupacional (10) |
| | | GRI 404 Treinamento e Educação (3) |
| | | GRI 405 Diversidade e Igualdade de Oportunidades (2) |
| | | GRI 406 Não discriminação (1) |
| | | GRI 407 Liberdade de Associação e Negociação Coletiva (1) |

| | | |
|---|---|---|
| | | GRI 408 Trabalho Infantil (1) |
| | | GRI 409 Trabalho Forçado ou Obrigatório (1) |
| | | GRI 410 Práticas de Segurança (1) |
| | | GRI 411 Direitos dos Povos Indígenas (1) |
| | | GRI 412 Avaliação de Direitos Humanos (3) |
| | | GRI 413 Comunidades (2) |
| | | GRI 414 Avaliação Social de Fornecedor (2) |
| | | GRI 415 Políticas Públicas (1) |
| | | GRI 416 Saúde e Segurança do Consumidor (2) |
| | | GRI 417 Marketing e Rotulagem (3) |
| | | GRI 418 Privacidade do Consumidor (1) |
| | | GRI 419 Conformidade sócio-econômica (1) |

# 13.   RELATO INTEGRADO

O International Integrated Reporting Council (Conselho Internacional para Relato Integrado - IIRC) é uma coalizão global de reguladores, investidores, empresas, autoridades e profissionais do setor contábil, universidades e ONGs.

Enquanto que o relatório de sustentabilidade GRI entende que um único conjunto (plano) de contas não é capaz de atender todos os grupos de interesse nem abranger todos os eixos da sustentabilidade, fazendo uso de contas múltiplas (*multiple accounts*), o Relato Integrado, como o próprio nome sugere, faz uso de informações e contas integradas (*integrated accounts*).

O relato integrado tem a pretensão de reunir na mesma plataforma informações contábeis, financeiras e socioambientais. Todavia, o que frequentemente empresas denominam como tal, é o conjunto de relatório anual, de demonstrações contábeis mais relatório de sustentabilidade, sem ser um único demonstrativo.

O GRI contém medição de desempenho, acompanhamento de metas, assumindo uma mudança para economia sustentável. Já o Relato Integrado volta-se à criação de valor por fatores financeiros e não financeiros. Não é uma combinação de demonstrações contábeis com GRI.

O Relato Integrado não possui um padrão mas uma estrutura conceitual, baseada em princípios, portanto, não há relatório errado na forma. Seis diferentes capitais devem ser relatados. O objetivo principal de um relatório integrado é explicar aos provedores de capital financeiro como uma organização gera valor ao longo do tempo. A primeira versão do *Framework* do Relato Integrado foi lançada em dezembro de 2013.

*Figura 12 – Seis Capitais do Relato Integrado*

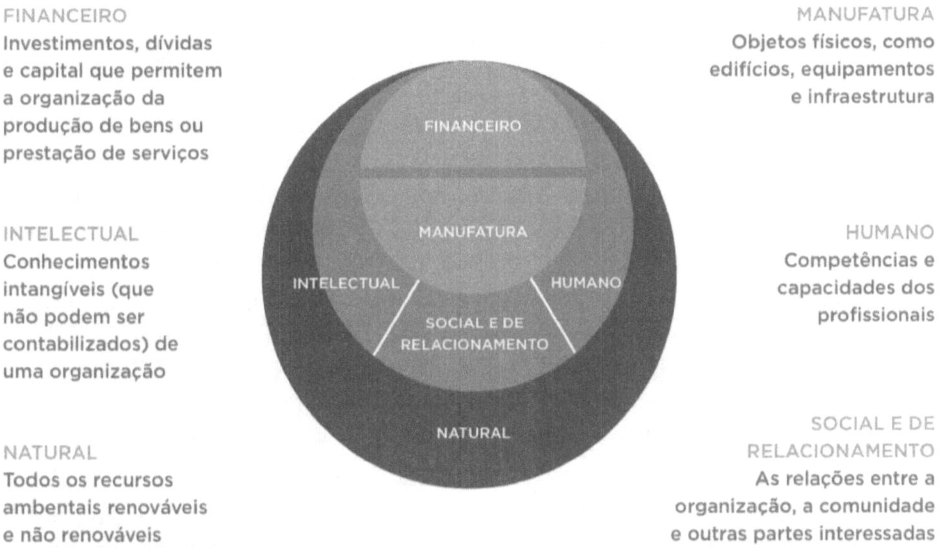
FINANCEIRO
Investimentos, dívidas e capital que permitem a organização da produção de bens ou prestação de serviços
MANUFATURA
Objetos físicos, como edifícios, equipamentos e infraestrutura
INTELECTUAL
Conhecimentos intangíveis (que não podem ser contabilizados) de uma organização
HUMANO
Competências e capacidades dos profissionais
NATURAL
Todos os recursos ambentais renováveis e não renováveis
SOCIAL E DE RELACIONAMENTO
As relações entre a organização, a comunidade e outras partes interessadas
FINANCEIRO
MANUFATURA
INTELECTUAL
HUMANO
SOCIAL E DE RELACIONAMENTO
NATURAL

*Fonte: revista Época (apud COMISSÃO BRASILEIRA DE ACOMPANHAMENTO DO R. INTEGRADO, 2014).*

# 14. AUDITORIAS

Por tratar-se de demonstrações contábeis relativamente novas, sem formato definido ou predominante, com usuários mais heterogêneos, fontes diversificadas e extracontábeis, combinado informações financeiras com não financeiras, históricas e projeções futuras, boa parte das normas de auditoria aplicáveis à relatórios de sustentabilidade encontram-se "em desenvolvimento" tanto pelo *International Auditing and Assurance Standards Board* (IAASB) da Federação Internacional de Contadores (IFAC) quanto pela Federação dos Peritos Contábeis Europeus (FEE)[44].

Assim como ocorre com o movimento internacional pela padronização da contabilidade (IFRS / NBC TG) e da contabilidade pública ou do setor público (IPSAS / NBC TSP), algumas entidades como o Conselho Federal de Contabilidade (CFC) e o Instituto dos Auditores Independentes do Brasil (Ibracon) estão desde 2011 compromissados com a padronização também em auditoria (Resolução CFC 1.328/2011) e asseguração (*assurance*).

Asseguração? Segundo Melo *et al* (2017) "*é o mesmo que garantia*", cujo objetivo "é disponibilizar informação específica para que usuários possam tomar melhores decisões *(...)*. O serviço pode ser a mensuração do desempenho (não financeiro) ou revisão e emissão de um relatório sobre as transações financeiras (financeiro)". Não se aplicam somente a relatórios de sustentabilidade.

Para a NBC TA "Estrutura Conceitual para Trabalhos de Asseguração", trabalho de asseguração significa um trabalho no qual um auditor supostamente independente expressa uma conclusão com a finalidade de aumentar o grau de confiança dos usuários previstos da informação, outros que não a parte responsável, acerca do resultado da avaliação ou mensuração de determinado objeto de acordo com os critérios aplicáveis.

Há os seguintes trabalhos de asseguração[45]:

---

[44] O pano de fundo do início do capítulo vem das normas brasileiras de contabilidade técnica de asseguração de informação não histórica, em especial, da NBC TO 3000 "Trabalho de Asseguração Diferente de Auditoria e Revisão" que equivale a ISAE 3000 mais parágrafo 291 do Código de Ética do Contador do Conselho Internacional de Padrões de Ética para Contadores (IESBA) da IFAC e do Comunicado Técnico CTO 01 (CT Ibracon 7/2012) "Emissão de Relatório e Asseguração Relacionado com Sustentabilidade e Responsabilidade Social".

[45] Entes públicos usam, por tradição, o termo certificação para o mesmo fim.

a) asseguração razoável[46], quando o auditor emite uma opinião do tipo "em nossa opinião, os controles internos são eficazes, em todos os seus aspectos relevantes, de acordo com os critérios x, y, z...";

b) asseguração limitada, menos extensos, com conclusão na forma negativa, do tipo "com base em nossa revisão, não temos conhecimento de nenhum fato que nos leve a acreditar que os controles internos não são eficazes, em todos os seus aspectos relevantes, de acordo com os critérios x, y, z...";

c) atestação, no qual outro profissional que não o auditor mensura ou avalia o objeto de acordo com os critérios aplicáveis e o auditor menciona se a informação do objeto está livre de distorções relevantes;

d) direto, quando o próprio auditor mensura ou avalia determinado objeto de acordo com os critérios aplicáveis e apresenta a informação do objeto resultante como parte do relatório de asseguração ou acompanhando o relatório de asseguração.

Uma empresa pode contratar diferentes firmas de auditorias para revisar suas demonstrações contábeis e suas informações sobre sustentabilidade e responsabilidade social.

Se assim for, o auditor encarregado do relatório de sustentabilidade deve levar em consideração que ele não possui o mesmo nível de conhecimento de como a empresa opera, do seu nível e sistemas de controle interno que geram as informações sobre as quais emitirá seu relatório de asseguração.

Todos os trabalhos de asseguração são relacionamentos entre três partes: a parte responsável pelo objeto, isto é, item que é mensurado ou avaliado de acordo com os critérios aplicáveis (o relatório), o auditor independente e os usuários previstos. Dependendo das circunstâncias do trabalho, pode haver também uma função separada de mensurador ou avaliador, ou de parte contratante (*figura 13*).

---

[46] Asseguração total ou absoluta não é possível de se obter em auditoria. Com os avanços tecnológicos, em especial, *big data* e inteligência artificial espera-se um aumento no grau de confiança.

*Figura 13 – Funções e Responsabilidades em Asseguração*

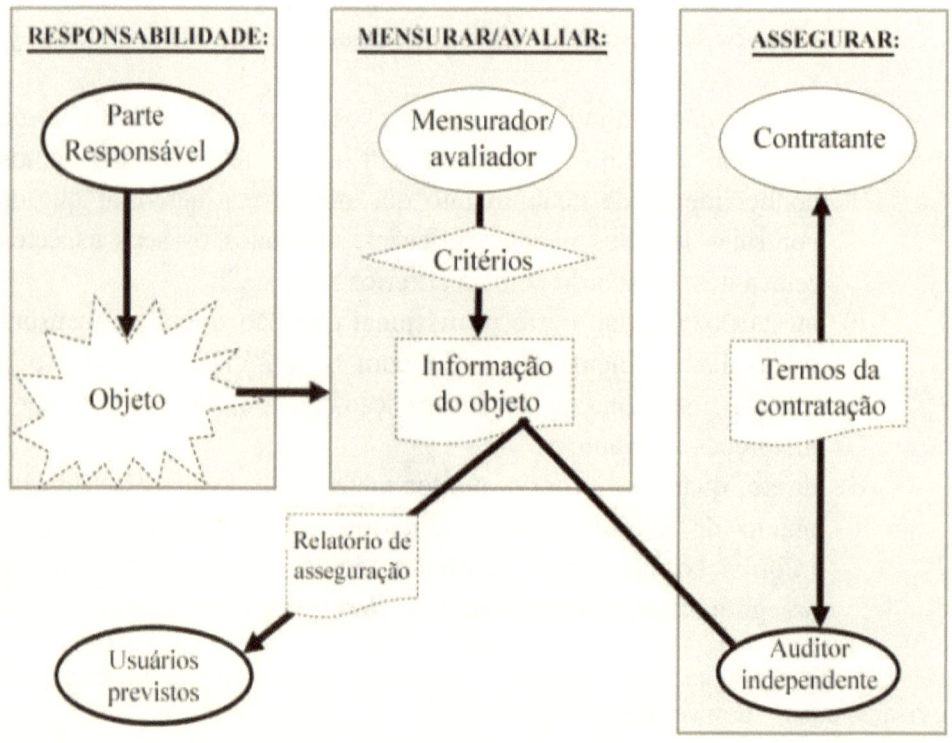

Fonte: NBC TO 3000, apêndice.

A parte responsável pode ser a parte contratante e/ou um dos usuários. Inclusive a parte responsável, o mensurador ou o avaliador e os usuários previstos podem ser de entidades diferentes ou da mesma. E uma parte contratante que não seja também uma parte responsável pode ser um usuário previsto, mas não o único.

O auditor independente emitirá seu relatório de asseguração com base em seu julgamento profissional a partir de seus procedimentos aplicados quanto à natureza (como fazer), época (quando fazer) e extensão (quanto fazer).

Numa estrutura padrão de sociedade anônima, o conselho de administração pode querer obter asseguração sobre uma informação fornecida pela diretoria executiva de uma empresa, então aquela será a usuária e a parte contratante dos auditores para um trabalho de asseguração sobre um aspecto específico que é de responsabilidade da diretoria executiva (parte responsável) perante o conselho, o qual, em última instância é também responsável final pela informação.

Quando o auditor é contratado para executar trabalho de asseguração sobre o relatório elaborado por consultor ambiental sobre práticas de sustentabilidade da empresa, o consultor ambiental é a parte responsável pelas informações sobre o objeto, mas a empresa é responsável pelo objeto (as práticas de sustentabilidade). Nos trabalhos de asseguração baseados em afirmações em que a parte responsável é responsável pelas informações sobre o objeto, mas não pelo objeto, os membros da equipe de asseguração e a firma de auditoria devem ser independentes da parte responsável pelas informações sobre o objeto (o cliente de asseguração). Além disso, deve ser feita a avaliação de quaisquer ameaças que a firma de auditoria acredita que são criadas por interesses e relacionamentos entre um membro da equipe de asseguração, a firma, uma firma em rede e a parte responsável pelo objeto.

Em muitos trabalhos de atestação, a parte responsável pode ser também o mensurador ou avaliador e a parte contratante. Por exemplo, uma empresa contrata o auditor independente para executar trabalho de asseguração sobre o relatório que foi preparado para suas próprias práticas sustentáveis. Por outro lado, existem situações em que a parte responsável é diferente do mensurador ou avaliador. Nesse caso, o auditor é contratado para executar trabalho de asseguração sobre o relatório preparado por organização governamental sobre as práticas de sustentabilidade da empresa.

No trabalho direto, o auditor independente também é o mensurador ou o avaliador, enquanto no trabalho de atestação, a parte responsável ou outra pessoa, que não seja o auditor independente, pode ser o mensurador ou o avaliador.

Algumas vezes, o trabalho de asseguração pode estar relacionado apenas com uma parte do objeto. Por exemplo, o auditor supostamente independente pode ser contratado para emitir relatório sobre um aspecto da contribuição da empresa ao desenvolvimento sustentável, assim como vários programas executados que possuam resultados ambientais positivos. Ao determinar se o trabalho apresenta um objeto apropriado, pode ser necessário ao auditor considerar se é provável que a informação, sobre a qual foi requerido emitir relatório, irá atender às necessidades de informação dos usuários previstos e também como a informação do objeto será apresentada e distribuída. Por exemplo, se existem programas mais significativos com resultados menos favoráveis sobre os quais a entidade não está reportando.

No trabalho de asseguração limitada, identificar as áreas em que uma distorção relevante da informação do objeto possa ocorrer possibilita que o auditor independente direcione os procedimentos nessas áreas. Por exemplo, no trabalho em que a informação do objeto for o relatório de sustentabilidade, o auditor pode focar-se em certas áreas desse relatório. O auditor independente pode desenvolver e realizar procedimentos sobre toda a informação do objeto quando essa informação consistir de apenas uma única área ou quando a obtenção de asseguração sobre todas as áreas do objeto for necessária para se obter segurança significativa.

Melo *et al* (2017), destacam que a auditoria considera "a materialidade, o risco do trabalho, assim como a quantidade e qualidade das evidências quando planeja a natureza, a época e a extensão dos procedimentos a serem executados".

As evidências são geralmente obtidas mais por indagações e revisões analíticas do que por evidências substantivas (testes de detalhes, de transações, de saldos de contas, de divulgações, contagem física, testes de corte, circularização e procedimentos analíticos) que poderiam fornecer segurança em nível mais elevado e, não raro, exige participação de outros especialistas. Quanto maior o risco, maior o número de evidências para se atingir a suficiência. E quanto maior a qualidade das evidências, menor a quantidade necessária.

Formalmente, as técnicas e habilidades de asseguração incluem:

- aplicação do ceticismo e julgamento profissional;
- planejamento e execução do trabalho de asseguração, incluindo a obtenção e a avaliação das evidências;
- entendimento dos sistemas de informação, do papel e das limitações do controle interno;
- ligar a consideração da materialidade e dos riscos do trabalho à natureza, à época e à extensão dos procedimentos;
- aplicar os procedimentos conforme for apropriado ao trabalho (que pode incluir indagações, inspeções, recálculos, reexecução, observação, confirmação e procedimentos analíticos), e;
- práticas sistemáticas de documentação e habilidades de redação de relatórios de asseguração.

A conclusão pode ser na forma direta ou indireta. Na forma indireta, a avaliação ou a mensuração do objeto é realizada pela própria parte responsável e o auditor independente conclui quanto às afirmações feitas pela parte responsável (por exemplo: "Em nossa opinião, a afirmação da administração de que os controles internos são adequados é suficiente...."), enquanto que na forma direta, o auditor faz a avaliação e apresenta sua própria conclusão (por exemplo: "Em nossa opinião, os controle internos são adequados...."). A conclusão do auditor independente pode ser escrita nos termos:

- do objeto e dos critérios aplicáveis;
- da informação do objeto e dos critérios aplicáveis, ou;
- de declaração feita pela parte apropriada.

Não há um padrão de Relatório de Asseguração limitada ou razoável, mas como todo relatório de auditoria também contém seus elementos básicos.

De forma similar aos relatórios sobre informações históricas (demonstrações contábeis), um relatório de asseguração sobre informações de sustentabilidade e responsabilidade social pode ser emitido sem ressalvas (limpo) ou com modificação, ou seja, conclusão com ressalva ou adversa e abstenção de conclusão.

Do mesmo modo que a auditoria externa de relatórios de sustentabilidade, apesar das semelhanças, não se confunde com a auditoria externa contábil, presumidamente independente, que trata da adequação e de evidências de que as demonstrações são íntegras e confiáveis segundo os princípios e práticas de Contabilidade; aquela também não se confunde com a auditoria externa ambiental que se ocupa de verificar (certificar) a adequação ao SGA adotado.

A chamada auditoria ambiental é atualmente uma das ferramentas mais aplicadas de gestão ambiental. Teve início esparso na indústria química estadunidense nos anos 1970. Quando bem conduzida, pode proporcionar benefícios para as empresas que se utilizam de recursos naturais ou mesmo tenham atividades impactantes além de auxiliar a melhoria da sua imagem.

Diferentemente do que ocorre com a auditoria da qualidade ou com a auditoria contábil, não é possível estabelecer critérios básicos que sejam aplicados a todos os setores auditados. Eventualmente o uso de diferentes metodologias podem levar a resultados conflitantes.

Se bem aplicada, pode-se também avaliar a probabilidade de ocorrências ambientais danosas. Por exemplo, a barragem da Vale que se rompeu em Brumadinho, MG em 2019, estava classificada pela Agência Nacional de Mineração (ANM) como uma estrutura de "baixo risco" em termos de possibilidade de haver algum desastre e rompimento da estrutura. Por outro lado, segundo o Cadastro Anual de Barragens, o dano potencial (severidade) que seu rompimento poderia causar era classificado como alto.

Na sequência das normas de gestão ambiental da série NBR ISO 14000 foram editadas normas destinadas a auditoria ambiental como as ISO 14010, 14011, 14012. Em meados de 2002 foi publicada a primeira versão da NBR ISO 19011 "Diretrizes para Auditorias de Sistema de Gestão"[47] que cancelou e substituiu as anteriores e harmonizou as normas de auditoria de sistemas de gestão da qualidade e ambiental como forma de padronizar os procedimentos e reduzir os custos de sua aplicação (Martins, 2015). Mesmo outros SGAs, como o EMAS (*Capítulo 6*) adotam esta norma como diretriz de auditoria externa e revisão de registro.

Segundo a norma, auditoria ambiental é um "processo sistemático, independente e documentado para obter evidência objetiva e avaliá-la objetivamente, para determinar a extensão na qual os critérios de auditoria são atendidos".

Seus princípios são:

a) integridade: a base do profissionalismo;
b) apresentação justa: dever de relatar com verdade e precisão;
c) devido cuidado profissional: aplicação de diligência e julgamento em auditoria;
d) confidencialidade: segurança da informação;
e) independência: base para a imparcialidade e objetividade das conclusões;
f) abordagem baseada em evidência: método racional para chegar a conclusões de auditoria confiáveis e reproduzíveis em um processo de sistemático de auditoria;
g) abordagem baseada em risco: auditoria que considera riscos e oportunidades.

A auditoria pode ser realizada por equipes de origens diversas, desde profissionais da empresa a auditores independentes que são identificados por primeira, segunda ou terceira parte (*tabela 15*).

[47] Título da versão atual.

A norma concentra-se em auditorias internas (de primeira parte), bem como nas conduzidas em seus fornecedores ou outras partes externas (de segunda parte), ainda que seja também utilizada em auditorias de terceira parte, as quais se valem também da NBR ISO/IEC 17021 "Avaliação de conformidade – requisitos para organismos que fornecem auditoria e certificação de sistemas de gestão".

Num passado nem tão distante, acreditava-se que auditorias por terceiros seriam suficientes para tranquilizar os vários grupos de interesse. Todavia a experiência mostrou duas fragilidades. Primeiro, diferentes indústrias possuem diferentes processos de manufaturas, difíceis de serem plenamente cobertos, deixando as auditorias mais genéricas. Em segundo, porque a depender dos envolvidos pode prevalecer interesses comerciais (a exemplo do que se passou entre Vale e Tüv Süd em relação à barragem rompida). A solução foi complementar com auditoria feita pelo cliente (em seus fornecedores).

*Tabela 15 – Tipos de Auditorias*

| Auditoria de 1ª parte | Auditoria de 2ª parte | Auditoria de 3ª parte |
|---|---|---|
| Auditoria interna | Auditoria de fornecedor externo | Auditoria de certificação e/ou acreditação |
| | Outra auditoria de parte interessada externa | Auditoria estatutária, regulamentar e similar |

*Fonte: NBR ISO 19011.*

Há outros tipos de auditoria ambiental, além do desempenho ambiental (ADA) ou do sistema de gestão ambiental (SGA). A depender da finalidade tem-se: de preparação para licença ambiental, de conformidade legal (*compliance*), para certificação (de produto, processo, serviço ou atividade), de descomissionamento, de *status* ou responsabilidade (normalmente como parte de uma auditoria maior, conhecida como *due dilligence*, aplicada em fusões e aquisições), pós-acidente, de sítios (para avaliar estágio de contaminação de local), específica ou "pontual" (para aumentar a eficiência de processos) e a compulsória (obrigatória para determinadas atividades ou por exigência de autoridade – *tabela 16*; *consulte Capítulo 3*).

No Brasil as empresas e as organizações certificadoras são acreditadas pelo Inmetro. Nessas auditorias é verificado o cumprimento de requisitos como: cumprimento da legislação ambiental pertinente; diagnóstico atualizado dos aspectos e impactos ambientais de cada atividade certificada; procedimentos padrões e planos de ação para eliminar ou diminuir os impactos ambientais; e, pessoal devidamente qualificado.

*Tabela 16 – Atividades Sujeitas a Auditoria Ambiental Compulsória*

| Atividade | | | | FEDERAL | Sul | | | Sudeste | | | | Nordeste | | | Centro Oeste | | | Norte | ES | SP | | | AL |
|---|---|---|---|---|---|---|---|---|---|---|---|---|---|---|---|---|---|---|---|---|---|---|---|
| | | | | | PR | SC | RS | ES | MG | RJ | SP | MA | PE | SE | DF | MT | MS | PA | Vitória | Santos | São Sebastião / Bauru | | Maceió |
| Sistemas viários | | | | - | - | - | X | - | - | - | | | | | - | | - | - | - | X | X | | X |
| | Aeroviárias | | | - | - | - | X | - | - | X | | | | | - | | - | - | - | X | X | | X |
| | Portuárias | | | X | X | X | X | X | - | X | | | | | - | | - | - | X | X | X | X | X |
| Instalações | Estocagem | Substâncias tóxicas ou perigosas | | - | X | X | X | X | X | X | | | | | X | | X | X | X | X | - | | |
| | | Produtos tóxicos, corrosivos, inflamáveis e poluentes | | - | X | X | X | X | X | X | | | | | | | X | | - | X | - | | X |
| | | Carvão vegetal | | - | X | X | - | - | - | | | | | | X | | - | | X | - | X | | X |
| | Estocagem e processamento | Esgotos domésticos | | - | X | X | X | X | X | X | | | | | X | X | X | | X | - | X | | X |
| | | Resíduos sólidos | Urbano | - | X | - | - | - | - | | | | | | X | | - | | - | - | X | | |
| | | | Hospitalar | - | X | - | X | - | - | | | | | | X | | - | | X | X | X | X | X |
| | | | Tóxicos ou perigosos | - | X | X | X | X | X | | | | | | X | X | X | | - | X | X | | X |
| | Geração e transmissão | Energia elétrica | Fontes térmicas ou radioativas | - | - | - | - | X | X | X | | | | | - | X | X | | - | - | - | | |
| Unidades | Mineração | Extração de areia | | - | X | - | - | - | - | | | | | | X | | - | | X | - | X | | |
| | | Extração e beneficiamento mineral | | - | X | X | X | - | - | | | | | | X | | - | | X | - | | | X |
| | Setor madeireiro | | | - | X | X | - | - | - | | | | | | X | | - | | X | - | | | X |
| | Industriais | Produção de cimento | | - | X | - | - | - | - | | | | | | X | X | | | - | X | - | | X |
| | | Químicas | | - | X | X | X | X | X | | | | | | X | | X | | - | X | - | | X |
| | | Metalúrgicas | | - | X | - | X | X | X | | | | | | - | | X | | - | X | - | | X |
| | | Siderúrgicas | | - | X | - | X | X | X | | | | | | X | X | X | | - | X | - | | X |
| | | Papel e celulose | | - | X | - | X | X | - | | | | | | - | | | | - | X | - | | X |
| | | Usina de álcool | | - | X | - | - | - | - | | | | | | X | | - | | - | - | - | | |
| | | Agroindústria | | - | X | X | - | - | - | | | | | | X | | - | | - | X | - | | |
| | | Curtume | | - | X | - | - | - | - | | | | | | X | | - | | - | - | - | | |
| Abatedouros | | | | - | X | - | - | - | - | | | | | | X | | - | | - | - | - | | |
| Sistema produtor petroquímico | | | | X | X | X | X | X | X | X | | | | | X | X | X | | X | X | X | X | X |

*Colunas verticais descritivas: "Nas atividades potencialmente poluidoras"; "Nos sistemas de controle de poluição e nas atividades potencialmente poluidoras"; "Nas atividades, processos, instalações e equipamentos potencialmente modificadores da qualidade do meio ambiente"; "Não específica"; "Toda atividade de grande e elevado potencial poluidor, ou processo industrial de grande complexidade".*

Via de regra, um relatório de auditoria ambiental compulsória deve conter:

1) objetivos de auditoria;
2) escopo de auditoria, particularmente a identificação da organização (o auditado) e as funções ou processos auditados;

3) identificação do cliente de auditoria;
4) identificação da equipe de auditoria e de participantes do auditado na auditoria;
5) datas e locais onde as atividades de auditoria foram conduzidas;
6) critérios de auditoria;
7) constatações de auditoria e evidências relacionadas;
8) conclusões de auditoria;
9) uma declaração sobre o grau no qual os critérios de auditoria foram atendidos;
10) quaisquer opiniões divergentes não resolvidas entre a equipe de auditoria e o auditado;
11) auditorias por natureza são um exercício de amostragem; como tal, há um risco de que a evidência de auditoria examinada não seja representativa.

Além disso, pode incluir também:
12) plano de auditoria, incluindo agenda;
13) um resumo do processo de auditoria, incluindo quaisquer obstáculos encontrados que possam reduzir a confiabilidade das conclusões de auditoria;
14) confirmação de que os objetivos de auditoria foram alcançados no escopo de auditoria de acordo com o plano de auditoria;
15) quaisquer áreas no escopo da auditoria não cobertas, incluindo quaisquer questões de disponibilidade de evidência, recursos ou confidencialidade, com justificativas relacionadas;
16) um resumo cobrindo as conclusões de auditoria e as principais constatações de auditoria que a apoiam;
17) boas práticas identificadas;
18) acompanhamento de plano de ação acordado, se houver;
19) uma declaração da natureza confidencial dos conteúdos;
20) quaisquer implicações para o programa de auditoria ou auditorias subsequentes.

# 15.  EXEMPLO INTEGRADO

A empresa Verdejando Gestão Produtiva Sustentável Ltda. possui capital de R$ 5 milhões totalmente integralizado em caixa e equivalentes (R$ 1 milhão) e numa mini-usina ecológica (R$ 4 milhões) que foi concluída em dezembro do exercício anterior.

Durante ano seguinte, registrou os eventos abaixo (sem ordem cronológica):

1- início de operação da mini-usina com projeção de gastos de desmantelamento de R$ 1 milhão à taxa de desconto de 5% a.a. após o término de sua vida útil daqui 25 anos sem valor residual material;

2- compra de 962,5ton de matérias-primas a prazo por R$ 1.925.000;

3- compra de materiais para produção a prazo por R$ 484.000;

4- inscrição de funcionários em curso de treinamento em gestão ambiental, R$ 3.700 a vista;

5- aquisição no 1º mês de equipamento para separação e recolha de resíduos a prazo por R$ 150.000 (sem IPI) e taxa de depreciação de 10% a.a. sem valor residual material;

6- compra de 600.000ℓ de insumos ambientais a vista por R$ 15.000;

7- pagamento de licenças ambientais R$ 1.100;

8- folha de pessoal bruta a pagar R$ 300.000 (R$ 240.000 mão-de-obra de fabricação), sendo R$ 84.000 contribuições previdenciárias;

9- aquisição no 1º mês de filtros sobressalentes para reposição em equipamento ambiental armazenados no depósito de materiais por R$ 13.000 (sem IPI), com financiamento à taxa de 15% a.a. e liquidação única no primeiro dia útil após 1 ano de carência;

10- as autoridades reconhecem como empresa não poluidora e gratificam com R$ 60.000 em créditos de carbono;

11- o consumo total anual de energia elétrica foi de R$ 336.000 (1.120KWh), dos quais 90% rateados para a produção e, destes,

108KWh perdidos no processo de fabricação (desconsiderar tributos);

12- R$ 2.000/mês foram desembolsados com gerenciamento de resíduos de fabricação;

13- processamento de todos os componentes do produto fabricado (com respectiva transferência para estoque de produtos acabados de 1.900 mil unidades do produto de 500g/unidade);

14- a empresa vendeu 75% de seus estoques a prazo por R$ 4.000.000;

15- o governo do Estado concedeu incentivo fiscal de redução de 50% do ICMS sobre vendas sob certas condições ambientais (não tributável IRPJ/CSLL);

16- a empresa revendeu a vista por R$ 20.000, 20% de seus créditos de carbono;

17- das transações a prazo, restam a pagar/a receber 1/12;

Considerando-se os tributos e alíquotas: IPI 10% recuperáveis, ICMS 18% recuperáveis (em 48 meses para ativos do imobilizado), IRPJ/CSLL 34%; pede-se: i) apure o resultado, ii) encerre o balanço patrimonial, iii) elabore a demonstração do valor adicionado, iv) apresente uma nota explicativa de custos de materiais perdidos NBR ISO 14051, (*a depender do evento, contabilizações alternativas são aceitas*).

# Lançamentos

## caixa e equivalentes

| | | | |
|---|---|---|---|
| | 1.000.000 | 3.700 | 4 |
| 16 | 20.000 | 15.000 | 6 |
| | | 1.100 | 7 |
| | | 24.000 | 12 |
| | 1.020.000 | 43.800 | |
| 17' | 3.666.667 | 2.653.750 | 17'' |
| | | 275.000 | 17'''' |
| | 1.714.117 | | |

## mini-usina

| | | |
|---|---|---|
| | 4.000.000 | |
| 1 | 295.303 | |
| | 4.295.303 | |

## deprec. acum.

| | |
|---|---|
| | 171.812 | 13 |

## equipamentos

| | | |
|---|---|---|
| 5 | 123.000 | |

## deprec. acum.

| | |
|---|---|
| | 12.300 | 13 |

## peças de reposição

| | |
|---|---|
| 9 | 10.660 |

## créditos de carbono

| | | | |
|---|---|---|---|
| 10 | 60.000 | 12.000 | 16 |
| | 48.000 | | |

## clientes

| | | | |
|---|---|---|---|
| 14 | 4.000.000 | 3.666.667 | 17' |
| | 333.333 | | |

## estoques materiais

| | | | |
|---|---|---|---|
| 2 | 1.435.000 | | |
| 3 | 360.800 | | |
| 6 | 11.182 | | |
| | 1.806.982 | 1.806.982 | 13 |

## est. p. processo

| | | | |
|---|---|---|---|
| 8 | 240.000 | | |
| 11 | 302.400 | | |
| 12 | 24.000 | | |
| 13 | 12.300 | | |
| 13 | 171.812 | | |
| 13 | 1.806.982 | | |
| | 2.557.494 | 2.557.494 | 13' |

## est. p. acabados

| | | | |
|---|---|---|---|
| 13' | 2.557.494 | 1.918.120 | 14' |
| | 639.373 | | |

## IPI a recuperar

| | | |
|---|---|---|
| 2 | 175.000 | |
| 3 | 44.000 | |
| 6 | 1.364 | |
| | 220.364 | |

## ICMS a recuperar

| | | |
|---|---|---|
| 2 | 315.000 | |
| 3 | 79.200 | |
| 5 | 6.750 | |
| 6 | 2.455 | |
| 9 | 585 | |
| | 403.990 | |

## ICMS a recuperar LPz

| | | |
|---|---|---|
| 5 | 20.250 | |
| 9 | 1.755 | |
| | 22.005 | |

## capital

| | |
|---|---|
| | 5.000.000 |

## ganhos não realizados

| | | | |
|---|---|---|---|
| 16 | 12.000 | 60.000 | 10 |
| | | 48.000 | |

## fornecedores

| | | |
|---|---|---|
| | | 1.925.000 | 2 |
| | | 484.000 | 3 |
| | | 150.000 | 5 |
| | | 336.000 | 11 |
| 17'' | 2.653.750 | 2.895.000 | |
| | | 241.250 | |

## salários / enc. a pg.

| | | | |
|---|---|---|---|
| 17''' | 275.000 | 300.000 | 8 |
| | | 25.000 | |

## IPI a recolher

| | |
|---|---|
| | 363.636 | 14 |

## ICMS a recolher

| | | | |
|---|---|---|---|
| 15 | 327.273 | 654.545 | 14 |
| | | 327.273 | |

## prov. p/ remediação

| | |
|---|---|
| | 1.000.000 | 1 |

## a. v. p. provisão

| | | | |
|---|---|---|---|
| 1 | 704.697 | 14.765 | i |
| | 689.932 | | |

## financiamentos LPz

| | |
|---|---|
| | 13.800 | 9 |

## juros a incorrer

| | | |
|---|---|---|
| 9 | 800 | 800 | ii |

## Receitas

| | |
|---|---|
| | 4.000.000 | 14 |

## IPI s/ vendas

| | |
|---|---|
| 14 | 363.636 |

## ICMS s/ vendas

| | |
|---|---|
| 14 | 654.545 |

## C P V

| | |
|---|---|
| 14' | 1.918.120 |

## despesas

| | |
|---|---|
| 4 | 3.700 |
| 7 | 1.100 |
| 8 | 60.000 |
| 11 | 33.600 |
| | 98.400 |

## receitas de subvenções

| | |
|---|---|
| | 327.273 | 15 |

## outras receitas

| | |
|---|---|
| | 20.000 | 16 |

## desps. financeiras

| | | |
|---|---|---|
| i | 14.765 | |
| ii | 800 | |
| | 15.565 | |

## Demonstração do Resultado do Exercício

| | |
|---|---:|
| Receita Bruta | 4.000.000 |
| (-) IPI | (363.636) |
| (-) ICMS | (654.545) |
| Receita Líquida | 2.981.818 |
| (-) CPV | (1.918.120) |
| Lucro Bruto | 1.063.698 |
| (-) desps. gerais | (98.400) |
| (-) desps. financeiras | (15.565) |
| outras receitas | 20.000 |
| rec. subvenções | 327.273 |
| Resultado Antes IR/CS | 1.297.005 |
| (-) IR/CS | (329.709) |
| **Lucro Líquido** | **967.296** |

## Balanço Patrimonial

| | | | |
|---|---:|---|---:|
| Caixa e equivalentes | 1.714.117 | Fornecedores | 241.250 |
| Clientes | 333.333 | Salários / encargos a pg. | 25.000 |
| Estoques p. acabados | 639.373 | IPI a recolher | 363.636 |
| IPI a recuperar | 220.364 | ICMS a recolher | 327.273 |
| ICMS a recuperar | 403.990 | IR/CS a recolher | 329.709 |
| | | Financiamentos | 13.800 |
| ICMS a recuperar l. pz. | 22.005 | | |
| Créditos de carbono | 48.000 | Provisão p/ remediação | 310.068 |
| Peças de reposição | 10.660 | Ganhos não realizados | 48.000 |
| Equipamentos | 123.000 | | |
| (-) depreciação acum. | (12.300) | Capital | 5.000.000 |
| Mini-usina | 4.295.303 | Reservas inc. fiscais | 327.273 |
| (-) depreciação acum. | (171.812) | Resultados | 640.024 |
| | | | |
| Total do Ativo | 7.626.032 | Total do Passivo e P. L. | 7.626.032 |

## Demonstração do Valor Adicionado

| | |
|---|---:|
| 1 – Receitas | |
| 1.1) Vendas de mercadorias, produtos e serviços | 4.000.000 |
| 2 – Insumos Adquiridos de Terceiros | |
| 2.1) Custos dos produtos vendidos | (2.044.800) |
| 2.2) Materiais, energia, serviços de terceiros e outros | (56.400) |
| 3 – Valor Adicionado Bruto (1-2) | 1.898.800 |
| 4 – Depreciação | (138.084) |
| 5 – Valor Adicionado Líquido Produzido (3-4) | 1.760.716 |
| 6 – Valor Adicionado Recebido em Transferência | |
| 6.3) Outras - créditos de carbono | 20.000 |
| **7 – VALOR ADICIONADO TOTAL A DISTRIBUIR (5+6)** | **1.780.716** |
| **8 – DISTRIBUIÇÃO DO VALOR ADICIONADO** | **1.780.716** |
| 8.1) Pessoal | 172.800 |
| 8.2) Tributos | |
| 8.2.1 – Federais | 595.273 |
| 8.2.2 – Estaduais | 29.782 |
| 8.3) Remuneração de capitais de terceiros | |
| 8.3.1 – Juros | 800 |
| 8.3.3 – Outras | 14.765 |
| 8.4) Remuneração de capitais próprios | |
| 8.4.3 – Lucros retidos / Prejuízo do exercício | 967.296 |

## Nota Explicativa Custos de Materiais Perdidos

Admitindo-se que as perdas nos fluxos de materiais secundários e insumos ambientais é desprezível.

### Entradas

| | | | |
|---|---|---|---|
| matérias-primas | 1.435.000 | 962.500 | kg |
| materiais | 360.800 | 1.000 | m³ |
| insumos ambientais | 11.182 | 600.000 | ℓ |
| R$ | 1.806.982 | | |

### Fabricação

| | | | |
|---|---|---|---|
| energia | 302.400 | 1.008 | KWh |
| ger. de resíduos | 24.000 | | |
| m.p. + mat. + insumos | 1.806.982 | | |
| R$ | 2.133.382 | 1.900.000 | un |
| mão-de-obra | 240.000 | | |
| depreciação | 184.112 | | |

### Saídas
#### Estoque final produtos acabados

| | | | |
|---|---|---|---|
| | | 475.000 | un |
| matérias-primas | 354.091 | 237.500 | kg |
| energia | 67.500 | 225 | KWh |
| demais | 92.995 | | |
| mão-de-obra | 60.000 | | |
| depreciação | 46.028 | | |

### Produto Vendido

| | | | |
|---|---|---|---|
| | | 1.425.000 | un |
| matérias-primas | 1.062.273 | 712.500 | kg |
| energia | 202.500 | 675 | KWh |
| demais | 278.986 | | |
| mão-de-obra | 180.000 | | |
| depreciação | 138.084 | | |

|                    | *Perdas* |        |     |
|--------------------|---------:|-------:|-----|
| matérias-primas    | 18.636   | 12.500 | kg  |
| energia            | 32.400   | 108    | KWh |
| ger. de resíduos   | 24.000   |        |     |
| R$                 | 75.036   |        |     |

# 16.  BIBLIOGRAFIA

ASIAN PRODUCTIVITY ORGANIZATION – APO. *Manual on Material Flow Cost Accounting ISO 14051*. APO: Tóquio, 2014.

BERMANN, Célio. Crise Ambiental e as Energias Renováveis. *Ciência e Cultura, vol.60, n.3*. SBPC: São Paulo, set.2008. Disponível em <http://cienciaecultura.bvs.br/scielo.php?script=sci_arttext&pid=S0009-67252008000300010>. Acesso em 19.06.2019.

BRAGA, Célia (Org.). *Contabilidade Ambiental*. S. Paulo: Atlas, 2007.

BREYER, Katja; FREIN, Michael. *Por que uma "Alemanha sustentável"?* Broot für die Welt, Eed, 2009.

BUENO, Artur F. *Guia de Instrumentos Financeiros*. 2.ed. S. Paulo: IOB, 2014.

CARVALHO, Gardênia M. B. de. *Contabilidade Ambiental: teoria e prática*. Curitiba: Juruá, 2008.

CHIARETTI, Daniela. Bancos Terão "Régua" para Risco Climático no Crédito. *Valor*. 19.03.2019. Disponível em <https://www.valor.com.br/financas/6167045/bancos-terao-regua-para-risco-climatico-no-credito>. Acesso em 19.03.2019.

CINTRA, Yara C. *A Integração da Sustentabilidade às Práticas de Controle Gerencial das Empresas no Brasil*. S. Paulo: Tese (doutorado), FEA/USP, 2011.

COMISSÃO BRASILEIRA DE ACOMPANHAMENTO DO RELATO INTEGRADO. *Construindo Pontes: Comunicando o Business Case de Sustentabilidade para o Mercado Financeiro*. GT de Empresas Pioneiras em Relatórios de Sustentabilidade: S. Paulo, nov.2014. Disponível em <http://www.b3.com.br/data/files/32/66/4E/A7/0B243510DF0CA135790D8AA8/GT-Empresas-Pioneiras.pdf>. Acesso em 31.01.2019.

COMISSÃO EUROPEIA. *3×3 Good Reasons for EMAS*. UE, 2012. Disponível em < http://ec.europa.eu/environment/emas/pdf/other/Brochure_3x3_Good_reasons_for_EMAS.pdf>. Acesso em 28.12.2018.

_____. *Guidelines on organising sustainable meetings and events at the Commission*. UE, 30.07.2018. Disponível em <http://ec.europa.eu/environment/emas/pdf/other/EC%20Guide%20Sustainable%20Meetings%20and%20Events.pdf >. Acesso em 28.12.2018.

ELKINGTON, John. *Cannibals With Forks: The Triple Bottom Line of 21st Century Business.* Oxford: Capstone, 1997.

FRANCISCO. *Laudato Si.* Vaticano: Libreria Editrice Vaticana, 2015.

GRI. *GRI Standards.* Disponível em <https://www.globalreporting.org/standards/gri-standards-download-center/> Acesso em 22.12.2018.

HOOGERVORST, Hans. *IASB Chair's Speech at International Accounting Seminar in Brazil.* São Paulo, 9.11.2017. Disponível em <https://www.ifrs.org/news-and-events/2017/11/iasb-chairs-speech-at-international-accounting-seminar-in-brazil/>. Acesso em 23.10.2018.

IBAMA. *Guia de Procedimentos do Licenciamento Ambiental Federal.* IBAMA: Brasília, 2002. Disponível em <http://www.mma.gov.br/estruturas/sqa_pnla/_arquivos/Procedimentos.pdf> Acesso em 29.01.2019.

JACKSON, Tim. *Prosperidade sem Crescimento.* São Paulo: Planeta, 2013.

LA ROVERE, Emilio L. (Org.). *Manual de Auditoria Ambiental.* 2.ed. Rio de Janeiro: Qualitymark, 2001.

LEONE, George S. G. *Custos: Planejamento, Implantação e Controle.* 2.ed. São Paulo: Atlas, 1996.

MARCONDES, Adalberto W.; BACARJI, Celso D. *ISE – Sustentabilidade no Mercado de Capitais.* São Paulo: BM&FBovespa, 2010.

MARTINS, Gaudêncio J. P. *Panorama Brasileiro da Auditoria Ambiental.* Campinas: dissertação (mestrado), Unicamp, 2015. Disponível em <http://repositorio.unicamp.br/bitstream/REPOSIP/258308/1/Martins_GaudencioJosePinotti_M.pdf>. Acesso em 23.02.2019.

MEADOWS, Donella H. et al. *The Limits to Growth.* Nova York: Universe, 1972. Disponível em <https://collections.dartmouth.edu/teitexts/meadows/diplomatic/meadows_ltg-diplomatic.html>. Acesso em 26.11.2018.

MELO, Moisés M. de; SANTOS, Ivan R. dos. *Auditoria Contábil.* 2.ed. Rio de Janeiro: Freitas Bastos, 2017.

MILLER, G. Tyler; SPOOLMAN, Scott. *Living in the Environment.*16.ed. Belmont: Brooks/Cole, 2009.

MOREIRA, Assis. Sustentabilidade Avança Pouco no Mundo. *Valor.* 18.03.2019. Disponível em <https://www.valor.com.br/empresas/6164917/sustentabilidade-avanca-pouco-no-mundo>. Acesso em 18.03.2019.

ORGANIZAÇÃO DAS NAÇÕES UNIDAS – ONU. Comissão Mundial sobre Meio Ambiente e Desenvolvimento. *Our Common Future.* ONU, 1987. Disponível em <http://www.un-documents.net/our-common-future.pdf>. Acesso em 22.10.2018.

_____. *Agenda 21.* ONU: Rio de Janeiro, 03-14.06.1992. Disponível em <https://sustainabledevelopment.un.org/content/documents/Agenda21.pdf>. Acesso em 26.10.2018.

_____. ISAR/UNCTAD. *Environmental Financial Accounting and Reporting at the Corporate Level.* ONU: Genebra, 1997. Disponível em < https://unctad.org/en/Docs/c2isard2.en.pdf> Acesso em 22.12.2018.

_____. ISAR/UNCTAD. *Accounting and Financial Reporting for Environmental Costs and Liabilities.* ONU: Genebra, 1998. Disponível em <http://isar.unctad.org/isar32/wp-content/uploads/sites/4/2015/10/Accounting-and-Financial-Reporting-for-Environmental-Costs-and-Liabilities.pdf>. Acesso em 22.12.2018.

_____. Comissão para o Desenvolvimento Sustentável – CSD. *Contabilidade da Gestão Ambiental Procedimentos e Princípios.* ONU: Nova York, 2001.

_____. ISAR/UNCTAD. *A Manual for the Preparers and Users of Eco-efficiency Indicators.* ONU: Genebra, 2004. Disponível em < https://unctad.org/en/docs/iteipc20037_en.pdf>. Acesso em 22.12.2018.

_____. *O Futuro que Queremos.* ONU: Rio de Janeiro, 20-22.06.2012. Disponível em <http://www.rio20.gov.br/documentos/documentos-da-conferencia/o-futuro-que-queremos/at_download/the-future-we-want.pdf>. Acesso em 26.10.2018.

_____. *Agenda 2030.* ONU: 2015. Disponível em <http://www.agenda2030.com.br/>. Acesso em 02.02.2019.

_____. PNUMA - Programa das Nações Unidas para o Meio Ambiente. *Princípios para o Investimento Responsável (PRI).* 2019. Disponível em <https://www.unpri.org/download?ac=6302> Acesso em 31.01.2019.

RIBEIRO, Maisa de S. *Contabilidade Ambiental.* São Paulo: Saraiva, 2005a.

_____. *O Tratamento Contábil dos Créditos de Carbono.* Tese (livre-docência), FEARP/ USP. Ribeirão Preto: USP, 2005b.

_____; BERTO, Marco A.; BUENO, Artur F. La Gestión de Pasivos Ambientales en un Proceso de Integración Económica. *Academia - Revista Latinoamericana de Administración.* CLADEA: Bogotá, n.37, 2sem.2006.

ROUSSEF, Dilma V. *Discurso de Abertura Rio+20.* Rio de Janeiro, 20.06.2012. Disponível em <https://www.youtube.com/watch?v=b-QibvHJ5VA>. Acesso em 23.10.2018.

RUDDIMAN, William F. *Earth's Climate: past and future.* Nova York: W. H. Freeman, 2001.

SIRKIS, Alfredo *et al. Moving the Trillions: a debate on positive pricing of mitigation actions.* Rio de Janeiro: Brasil no Clima, 2015. Disponível em <http://www.zeeli.pro.br/4915>. Acesso em 23.10.2018.

STIPP, David. The Pentagon's Weather Nightmare. *Fortune Magazine,* 09.02.2004. Disponível em <https://money.cnn.com/magazines/fortune/fortune_archive/2004/02/09/360120/index.htm>. Acesso em 23.10.2018.

TOFFLER, Alvin. *A Terceira Onda.* 25.ed. Rio de Janeiro: Record, 2001 [tradução da 1.ed., EUA, 1980].

TURNER, Graham; ALEXANDER, Cathy. Limits to Growth Was Right. *The Guardian.* 02.09.2014. Disponível em <https://www.theguardian.com/commentisfree/2014/sep/02/limits-to-growth-was-right-new-research-shows-were-nearing-collapse>. Acesso em 04.03.2019.

UDERMAN, Simone. Mercado de Crédito de Carbono: a Construção de uma Agenda de Intervenção Pública na Bahia. *Revista Econômica do Nordeste.* Vol.41, n.2, abr.-jun.2010. BNB: Fortaleza, 2010. Disponível em <https://www.bnb.gov.br/projwebren/Exec/artigoRenPDF.aspx?cd_artigo_ren=1183>. Acesso em 16.03.2019.

UNIVERSIDADE ESTADUAL PAULISTA – UNESP. *Química. Vol.3. Tomo I.* São Paulo: Unesp, 2013. Disponível em <https://acervodigital.unesp.br/bitstream/unesp/179774/1/unesp-nead-redefor_ebook_coltemasform_quimica_v3_tomo1_librleg_20141112.pdf>. Acesso em 16.03.2019.

ZAIDAN, Rodrigo. Transparência para Evitar Tragédias. *Folha de São Paulo.* 23.03.2019. Disponível em <https://www1.folha.uol.com.br/colunas/rodrigo-zeidan/2019/03/transparencia-para-evitar-tragedias.shtml>. Acesso em 30.03.2019.

www.ingramcontent.com/pod-product-compliance
Lightning Source LLC
Chambersburg PA
CBHW030944240526
45463CB00016B/1859